TEORIA GERAL DO DIREITO CIVIL

2ª edição
revista e ampliada

Dados Internacionais de Catalogação na Publicação (CIP)
(Câmara Brasileira do Livro, SP, Brasil)

Roque, Sebastião José
   Teoria geral do direito civil / Sebastião José
Roque. – 2. ed. rev. e ampl. – São Paulo :
Ícone, 2004. – (Elementos de direito)

   ISBN 85-274-0750-7

   1. Direito civil 2. Direito civil - Brasil
I. Título. II. Série

03-3734   CDU-347 (81)

Índices para catálogo sistemático:
1. Brasil : Direito civil   347 (81)

SEBASTIÃO JOSÉ ROQUE

Bacharel, mestre e doutor em Direito pela Faculdade de Direito da Universidade de São Paulo

Advogado, árbitro e assessor jurídico empresarial

Professor da Faculdade de Direito da Universidade São Francisco

Presidente da Associação Brasileira de Arbitragem – ABAR

Presidente do Instituto Brasileiro de Direito Comercial "Visconde de Cairu"

TEORIA GERAL DO DIREITO CIVIL

2ª edição
revista e ampliada

Ícone editora

© Copyright 2004
Ícone Editora Ltda.

Coleção Elementos de Direito

Diagramação
Andréa Magalhães da Silva

Revisão
Rosa Maria Cury Cardoso

Proibida a reprodução total ou parcial desta obra,
de qualquer forma ou meio eletrônico, mecânico,
inclusive através de processos xerográficos,
sem permissão expressa do editor
(Lei nº 9.610/98)

Todos os direitos reservados pela
ÍCONE EDITORA LTDA.
Rua Lopes de Oliveira, 138 – Barra Funda
CEP 01152-010 – São Paulo – SP
Fone/Fax (11) 3666-3095
e-mail: edicone@bol.com.br
editora@editoraicone.com.br
www.iconelivraria.com.br

O PODER DA MENTE

Pobre de ti se pensas ser vencido;
Tua derrota é um caso decidido.
Queres vencer, mas como em ti não crês,
Tua descrença esmaga-te de vez.

Se imaginas perder, perdido estás;
Quem não confia em si marcha para trás.
A força que te impele para frente
É a decisão firmada em tua mente.

Muita empresa esboroa-se em fracasso
Inda antes de dar o primeiro passo.
Muito covarde tem capitulado
Antes de haver a luta começado.

Pensa em grande e teus feitos crescerão;
Pensa em pequeno e irás depressa ao chão.
O querer é poder arquipotente;
É a decisão firmada em tua mente.

Fraco é quem fraco se imagina;
Olha ao alto quem ao alto se destina.
A confiança em si mesmo é a trajetória
Que leva aos altos cimos da vitória.

Nem sempre quem mais corre a meta alcança;
Nem mais longe o mais forte o disco lança.
Mas se és certo em ti, vai firme, vai em frente,
Com a decisão firmada em tua mente.

ÍNDICE

1. O DIREITO CIVIL BRASILEIRO, 11
    1.1. Conceito e abrangência do Direito Civil, 13
    1.2. As fontes do Código Civil Brasileiro, 15
    1.3. Estrutura do velho Código Civil, 16
    1.4. Tentativas de revisão, 18
    1.5. A Lei de Introdução ao Código Civil, 20
    1.6. O novo Código Civil, 21
    1.7. Visão topográfica do novo código, 23

2. DAS PESSOAS NATURAIS, 27
    2.1. Pessoa e personalidade, 29
    2.2. Nascituros, 30
    2.3. Somos todos iguais?, 31
    2.4. A comoriência, 32
    2.5. O Registro Civil das Pessoas Naturais, 33
    2.6. Dos direitos da personalidade, 34

3. DA CAPACIDADE CIVIL, 39
    3.1. Personalidade e capacidade, 41
    3.2. A incapacidade, 41
    3.3. A incapacidade absoluta, 42
    3.4. A incapacidade relativa, 43
    3.5. Aquisição da maioridade, 44

4. DAS PESSOAS JURÍDICAS, 47
    4.1. Conceito e requisitos, 49

4.2. As pessoas jurídicas de direito privado, 50
4.3. Classificação das pessoas jurídicas, 51
4.4. As associações, 53
4.5. As sociedades, 54
4.6. Da responsabilidade das pessoas jurídicas, 55
4.7. Representação legal das pessoas jurídicas, 56
4.8. Começo das pessoas jurídicas de direito privado, 57
4.9. Extinção das pessoas jurídicas de direito privado, 58
4.10. Destino dos bens da pessoa jurídica extinta, 60
4.11. A associação perante o novo Código Civil, 60

5. DA FUNDAÇÃO, 67
5.1. Conceito e espécies, 69
5.2. Criação das fundações, 70
5.3. O estatuto, 71
5.4 Extinção das fundações, 72

6. DO DOMICÍLIO, 73
6.1. Noção de domicílio e sua determinação, 75
6.2. Mudança de domicílio, 78
6.3. Espécies de domicílio, 79
6.4. Domicílio de pessoas jurídicas, 81
6.5. A eleição do domicílio ou do foro, 83

7. OBJETO DE DIREITO: OS BENS, 85
7.1. Os bens e as coisas, 87
7.2. Classificação dos bens, 87

8. DOS BENS CONSIDERADOS EM SI MESMOS, 89
8.1. Dos bens imóveis, 91
8.2. Dos bens móveis, 92
8.3. Das coisas fungíveis e infungíveis, 93
8.4. Das coisas consumíveis e não consumíveis, 94
8.5. Dos bens divisíveis e indivisíveis, 95
8.6. Dos bens singulares e coletivos, 95

9. DOS BENS RECIPROCAMENTE CONSIDERADOS, 97
9.1. Divisão: principais e acessórios, 99
9.2. As benfeitorias, 100

10. DOS BENS PÚBLICOS E PARTICULARES, 103
   10.1. Conceito e características, 105
   10.2. Tipos de bens públicos, 105

11. DOS BENS "IN COMMERCIUM" E "EXTRA COMMERCIUM", 107

12. DA DESCONSIDERAÇÃO DA PERSONALIDADE JURÍDICA, 111
   12.1. A pessoa e a personalidade jurídica, 113
   12.2. O mau uso da personalidade, 114
   12.3. A "disregard theory", 115
   12.4. A reação à fraude e ao abuso, 116
   12.5. A previsão legal brasileira, 117
   12.6. A posição do judiciário, 120

13. DOS FATOS E NEGÓCIOS JURÍDICOS, 123
   13.1. Fato jurídico, 125
   13.2. Negócio jurídico, 126
   13.3. O agente incapaz, 127
   13.4. Interpretação da vontade, 128

14. DOS DEFEITOS DOS NEGÓCIOS JURÍDICOS, 131
   14.1. A vontade nos negócios jurídicos, 133
   14.2. Erro ou ignorância, 134
   14.3. Dolo, 136
   14.4. Coação, 137
   14.5. Simulação, 138
   14.6. Fraude contra credores, 140
   14.7. Estado de perigo, 142
   14.8. Lesão, 143

15. DA CONDIÇÃO, DO TERMO E DO ENCARGO, 145
   15.1. Elementos acidentais dos negócios jurídicos, 147
   15.2. A condição, 147
   15.3. Espécies de condição, 149
   15.4. O termo, 151
   15.5. O encargo, 152

16. DA FORMA DOS NEGÓCIOS JURÍDICOS E DA SUA PROVA, 155
   16.1. Da forma dos negócios jurídicos, 157

16.2. Da prova dos negócios jurídicos, 158
16.3. Da confissão, 160
16.4. Do documento, 161
    a – documento público, 161
    b – documento particular, 163
16.5. Da testemunha, 165
16.6. Da presunção, 167
16.7. Da perícia, 168

17. DA INVALIDADE DO NEGÓCIO JURÍDICO, 171
17.1. Teoria das nulidades, 173
17.2. Negócios jurídicos nulos, 173
17.3. Negócios jurídicos anuláveis, 177
17.4. Diferenças entre nulo e anulável, 179

18. DA PRESCRIÇÃO, 181
18.1. Conceito e requisitos, 183
18.2. Tipos de prescrição, 185
18.3. Renúncia à prescrição, 185
18.4. Diferenças da decadência, 186
18.5. Impedimento e suspensão da prescrição, 187
18.6. Interrupção da prescrição, 189
18.7. A preclusão e a perempção, 191
18.8. Os prazos prescricionais, 192
18.9. Da decadência, 194
18.10. Das novas disposições do código, 195

19. DOS ATOS ILÍCITOS, 197
19.1. Conceito e efeitos dos atos ilícitos, 199
19.2. Tipos de culpa, 200
19.3. Exclusão da responsabilidade, 202

20. DA AUSÊNCIA, 203
20.1. Conceito e finalidade, 205
20.2. Da curadoria de ausentes, 205
20.3. Da sucessão provisória, 206
20.4. Da sucessão definitiva, 207
20.5. Dos efeitos da ausência, 208

APÊNDICE, 209
    Código Civil – Parte Geral, 209

1. O DIREITO CIVIL BRASILEIRO

1.1. Conceito e abrangência do Direito Civil

1.2. As fontes do Código Civil Brasileiro

1.3. Estrutura do velho Código Civil

1.4. Tentativas de revisão

1.5. A Lei de Introdução ao Código Civil

1.6. O novo Código Civil

1.7. Visão topográfica do novo código

1.1. Conceito e abrangência do Direito Civil

Os antigos romanos, mesmo antes do nascimento de Cristo, dividiram o direito em dois grandes ramos: o público e o privado. O público era o direito do Estado, ou seja, das relações jurídicas em que o Estado era uma das partes. O direito público cuidava, então, das relações jurídicas entre o Estado e os cidadãos, ou entre vários órgãos do próprio Estado. O privado era o conjunto de normas e princípios que regiam as relações jurídicas entre pessoas privadas, entre cidadãos, os *cives*. O Estado não é parte nessas relações; às vezes ele participa delas, pelo seu Poder Judiciário. Coloca-se, porém, entre as partes e acima delas. Como o direito privado era o direito dos *cives* (cidadãos), passou a ser chamado de Direito Civil.

Passaram-se os séculos, mais de 2.000 anos, e não se modificou esse critério. O Direito Civil é o direito que disciplina os interesses particulares, o relacionamento entre os civis. Não se poderia deixar que os cidadãos desfrutassem de liberdade plena nas suas relações, pois seria o predomínio do mais astuto, do mais forte. Urge pois que o Poder Público crie normas para essas relações jurídicas entre pessoas privadas. A princípio o direito privado era o mesmo que o Direito Civil. Com as modificações do direito público, surgiram modificações também no direito privado. A contínua e crescente intervenção do Estado nas atividades econômicas privadas fez o Estado assumir nova figura: a do Estado empresário. Assume o Estado, em certos casos, as vestes de pessoa privada. É o que acontece, atualmente, com o Banco do Brasil e com a Petrobrás. Quem se relaciona com essas duas entidades estabelece relações civis, de direito privado.

A ampliação das atividades privadas — nos campos econômico, social e humano — fez com que o direito privado muito se desenvolvesse e modificasse. Muitos tipos de relações jurídicas adquiriram matizes próprios e se aglutinaram em torno de um tronco comum. Daí por diante, o direito privado não mais se confundiu com o direito civil, mas viu formar, em seu tronco, vários ramos inconfundíveis. Considera-se hoje o direito privado como formado por quatro ramos:

— Direito Civil;

— Direito Empresarial;

— Direito do Trabalho;

— Direito Internacional Privado.

O Direito Empresarial, denominado a princípio de direito mercantil e depois direito comercial, começou a estruturar-se no início dos tempos modernos, principalmente pelos doutrinadores da Universidade de Bolonha, na Itália. Está hoje totalmente desgarrado do Direito Civil, embora certos países, como a Itália e a Suíça, não possuam Código Comercial. Modernamente está sendo chamado de Direito Empresarial, por girar em torno da teoria da empresa. Esse aspecto foi por nós focalizado em nosso compêndio *Teoria Geral do Direito Comercial*, tratando do surgimento desse ramo do direito privado, o problema de sua autonomia em face do Direito Civil, a teoria da empresa e os princípios gerais do seu sistema.

O Direito do Trabalho regula o relacionamento entre pessoas privadas, que assumem respectivamente a posição de empregador e empregado. Como essas pessoas assumem posição restrita, distinguem-se da posição de cidadãos. As normas civis são muito genéricas e abstratas. O conceito de cidadão é muito abrangente. Não pode, por isso, ser o Direito Civil aplicado de forma restrita a uma categoria peculiar de pessoas, como são empregador e empregado. O Código Civil regulava esse tipo de relacionamento, com o nome de "locação de serviços". Com o surgimento da Consolidação das Leis do Trabalho, o Direito Trabalhista estruturou-se e constitui em nossos dias um direito autônomo, personalizado e *sui generis*.

O Direito Internacional Privado procura, principalmente, facultar a correta aplicação do direito estrangeiro no Brasil, conciliando os sistemas jurídicos. Por exemplo: a apreciação pela justiça brasileira do inventário de um cidadão falecido no Brasil, mas que era casado com uma cidadã italiana, tendo deixado bens na França, ações de uma S/A alemã e imóvel em Portugal. A feitura dessa partilha teria de ser formulada com a aplicação não só do direito brasileiro, mas do direito de vários países. O Direito Internacional Privado concilia várias legislações aplicadas a uma determinada questão jurídica, constituindo, pois, um sistema peculiar de normas e princípios. Há muitas tentativas de se estabelecer um código de Direito Internacional Privado, inclusive de âmbito internacional. Um deles já foi adotado por convenção internacional e transformado em lei brasileira, denominado Código Bustamante. Foi-lhe dado esse nome em homenagem ao jurista cubano Antonio Sanchez Bustamante y Sirven, que o elaborou.

1.2. As fontes do Código Civil Brasileiro

Nosso Código Civil foi promulgado em 1916, mas só entrou em vigor em 1º de janeiro de 1917. O Brasil proclamou-se um país independente em 1822. Que código vigorou então no Brasil, no primeiro século de nossa existência? Alguns relutam em acreditar, mas vigorou no Brasil durante o século da independência o código português. Descoberto o Brasil em 1500, com o início da nossa colonização, transformou-se em colônia de Portugal. Como parte integrante do Império Português, era natural que vigorasse a legislação portuguesa. Vivemos pois 322 anos sob a vigência do código português. Esse código tinha o nome de Ordenações: as Afonsinas, as Manuelinas e as Filipinas.

Em 1822, quando o Brasil se declarou independente, vigorava entre nós as Ordenações Filipinas, desde 1603. Foram promulgadas no período em que Portugal esteve subordinado à coroa de Felipe da Espanha, donde o nome do código. Proclamamos, portanto, a independência política de Portugal, mas não a independência jurídica. Em 1823, uma lei imperial adotou as Ordenações do Reino e suas leis complementares, até que o Brasil elaborasse sua legislação. Contudo, essa elaboração demorou um século e assim vigoraram em nosso país as Ordenações do Reino, de 1603, durante um século como país independente.

Promulgamos, em 1824, nossa primeira constituição. Impunha ela a elaboração do Código Civil e do Código Criminal do Império. Logo em 1830 surgia o Código Criminal, que, segundo os criminalistas, é merecedor dos maiores encômios.

Em 1850 surge o Código Comercial, também louvável, tanto que vigora até 2003. Para elaborar o Código Civil foi nomeado pelo governo imperial o mais conceituado jurista da época: Teixeira de Freitas. Essa nomeação se deu em 1855. Teixeira de Freitas apresentou o seu "Esboço do Código Civil". Provocou discussões homéricas durante vários anos até cansar os espíritos e cair no esquecimento. Enquanto isso, o jurista argentino Velez Sarsfield tomou-o como modelo para a elaboração do Código Civil argentino. Como se vê, o projeto do Código Civil brasileiro, elaborado por Teixeira de Freitas, transformou-se no Código Civil da Argentina, enquanto o Brasil permanecia sem código.

Outras tentativas surgiram: o projeto Felicio dos Santos, em 1881, foi por água abaixo, o mesmo acontecendo com o de uma comissão nomeada em 1889. Proclamada a República, o governo nomeou o jurista Coelho Rodrigues para elaborar o projeto do Código Civil do Brasil republicano, tendo sido apresentado no Congresso Nacional. As discussões se prolongaram, até o projeto ser arquivado. Foi depois nomeado Clovis Bevilaqua para novo projeto, apresentado ao governo em 1899, enviado ao Congresso Nacional no último ano daquele século, em 1900. Quinze anos de discussões quase liquidam esse projeto. Rui Barbosa fez dele o alvo predileto de suas críticas, mais no aspecto lingüístico do que jurídico. Finalmente, no dia 1º de janeiro de 1916, foi promulgado nosso Código Civil, com a *vacatio legis* de um ano, para entrar em vigor em 1º.1.1917.

1.3. Estrutura do velho Código Civil

Voltando nossa atenção especificamente ao Direito Civil, está ele expresso por um conjunto de normas, das quais avulta o Código Civil, secundado por inúmeras outras normas, como leis, decretos-leis, decretos e outras regras emanadas de órgãos públicos. Poderemos ter melhor compreensão do Direito Civil num exame do Código Civil, vendo principalmente do que ele trata. Diz o art. 1º textualmente: "Este código regula os direitos e obrigações de ordem privada concernentes às pessoas, aos bens e às suas relações". O artigo inicial de nosso código lança muitas dúvidas quanto à sua aplicação e abrangência. Quando de sua promulgação, em 1916, praticamente não havia no Brasil o Direito do Trabalho e o Direito Internacional Privado. Havia, entretanto, o Direito Comercial e o Código Comercial. Pelo que diz o art. 1º, o Código Civil é um código de direito privado, o que não ocorre. Não encontramos até agora explicações sobre o sentido desse artigo, que, por ser confuso, ficou no anonimato. O Código Civil italiano não traz artigo semelhante, prevendo no art. 1º às pessoas físicas. O mesmo faz o código francês. O Código Civil alemão, conhecido como BGB, foi o que mais influenciou na elaboração do nosso, mas desconhece artigo dessa natureza.

Após esse artigo, que o código chama de "Disposição Preliminar", apresenta ele a regulamentação básica do Direito Civil em duas partes, chamadas "Parte Geral" e "Parte Especial", cada uma constituída de vários "livros". A Parte Geral consta de três livros: o primeiro cuida das pessoas físicas e jurídicas; o segundo dos bens; o terceiro dos fatos e atos jurídicos, dos atos ilícitos e da prescrição. Um aspecto se nota na Parte Geral: os temas nela tratados são aplicáveis a todos os ramos do direito e não apenas o civil. A prescrição, por exemplo, é um instituto aplicado ao direito Comercial, ao Penal, ao Tributário e aos demais. Os atos ilícitos não se praticam apenas no âmbito civil; constitui a técnica do Direito Penal. Todavia, desde tempos imemoriais, o Direito Civil tem sido sempre o núcleo do direito; ele é o direito em si; os demais ramos são especialidades.

A Parte Especial cuida das diversas divisões do Direito Civil, em quatro livros: Família, Coisas, Obrigações e Sucessões.

O Direito de Família está regulamentado no Livro I. Estabelece normas sobre os principais institutos do Direito de Família, como o casamento, o regime de bens adotados no casamento, a curatela e a ausência. Importantes leis complementam as disposições do código; a Lei do Divórcio regulamenta não só as formas de dissolução da sociedade conjugal, mas várias outras relações familiares. O Código de Menores, de extraordinária amplitude, cuida da adoção, da formação do menor, da assistência e proteção, dos procedimentos judiciais em relação a eles e assim por diante. Outras leis ainda dispõem sobre os alimentos e os bens de família.

O Livro II ocupa-se do Direito das Coisas. É um campo delicado do Direito, tanto que muito pouco evoluiu desde a antiga Roma, permanecendo quase intocável. Apresenta três institutos primordiais: a propriedade, a posse, os direitos reais sobre coisas alheias. Integram-se no Direito das Coisas o Código de Mineração, o Estatuto da Terra, a Lei do Parcelamento do Solo, o Código de Águas e o Código de Caça e Pesca. Questão muito relacionada com as coisas é a da desapropriação, pertencente ao Direito Administrativo, mas referente a coisas pertencentes a pessoas privadas.

O Livro III é o mais longo, envolvendo 709 dos 1.807 artigos do Código Civil, ou seja, aproximadamente 40%. Expõe as obrigações de forma geral e as declarações unilaterais de vontade. Importantíssima área desse ramo do direito é a que toca aos contratos. Numa parte é tratada a dogmática do contrato e na outra, chamada "Das Várias Espécies de Contratos", tipificam-se 16 espécies de contratos. É o ramo do Direito Civil que mais exigiu atualização, uma vez que, de 1916 para cá, o direito contratual muito se desenvolveu e contratos novos foram aparecendo, enquanto o Código Civil permaneceu estático.

O Livro IV apresenta nos a regulamentação legal do Direito das Sucessões. É o direito que procura resolver o destino do patrimônio de pessoas que tenham falecido. Cuida da herança, do testamento, do inventário e partilha. Afronta o princípio jurídico da *mors omnia solvit* (a morte põe fim a tudo). Tem alguma afinidade com o Direito das

Coisas, uma vez que trata do destino do patrimônio de uma pessoa morta. Vê como as coisas mudam de dono.

Afora os quatro ramos do Direito Civil expressos em nosso código, herdados do direito romano, nota-se o surgimento de diversos outros ramos do Direito Civil, em decorrência dos problemas novos que se avolumam. Vemos, por exemplo, surgir o Direito do Consumidor, mormente após o código sobre a proteção ao consumidor, regendo o relacionamento entre duas partes a que se deu o nome de fornecedor e consumidor. É um ramo do direito ainda em formação, de tal modo que ainda não se pode considerar como um ramo autônomo. Talvez se integre esse ramo mais no Direito Empresarial, pois o fornecedor é considerado uma pessoa que desenvolva atividades de produção e comercialização de produtos ou prestação de serviços.

Outro tipo de relações jurídicas em desenvolvimento em nosso país é o decorrente da produção intelectual dos cidadãos. Fez ele surgir novo ramo do direito, chamado Direito do Autor. Constava de uma regulamentação em nosso Código Civil, no capítulo denominado "Da Propriedade Literária, Científica e Artística", fazendo parte do Direito das Coisas. Esse capítulo (arts. 649 a 673) foi revogado pela Lei 5.988/73, que regula os direitos autorais. Esta lei diz que os direitos autorais se reputam bens móveis; assim sendo, pertence ao Direito das Coisas. Está, entretanto, em grande evolução e a apreciação doutrinária considera a produção artística e literária como um bem móvel, mas não como uma "coisa móvel". Por isso vem-se discriminando como um ramo autônomo do direito, mas integrado ainda no Direito Civil.

Outro ramo do direito vem surgindo em nosso país, em decorrência dos problemas ultimamente surgidos: é o Direito Ecológico. É o conjunto de normas e princípios visando a preservar os recursos naturais. Ainda incipiente, esse direito não se caracterizou e não identificou sua natureza jurídica. Ainda não tem um código e leis sistematizadoras. Tem-se dúvida, pois, se suas tendências levá-lo-ão ao campo do direito privado ou público. Teremos, então, de aguardar sua melhor estruturação e desenvolvimento, para que adquira o "status" de um novo ramo do direito e característicos básicos de sua natureza jurídica.

1.4. Tentativas de revisão

Embora promulgado em 1916, nosso Código Civil não é, ideologicamente, do século XX. Calcou-se principalmente em monumentos do direito romano. Traz ele muitas idéias das Ordenações do Reino, de inegável teor latino. Dos códigos modernos, exerceu profunda influência no nosso o Código Civil alemão, conhecido como BGB (*Bürgerliches Gesetzbuch*), de 1896. O código alemão é de nítido conteúdo romano. Resultou de estudos jurídicos que predominaram na Alemanha, no século XIX, pelos comentaristas jurídicos do direito romano, chamados "pandectistas". Além da influência ideológica do BGB, é preponderante a influência formal: a divisão do código em Parte Geral e Parte Especial e a divisão desta última em quatro livros, cuidando dos quatro ramos do Direito Civil (Obrigações, Coisas, Família e Sucessões), refletem a inspiração alemã.

Nota-se, em menor escala, a presença do Código Civil francês em nosso código. Contudo o Código Civil francês, de 1804, é também romano. Conhecido como código napoleônico, por ter sido elaborado graças à iniciativa de Napoleão Bonaparte, esse código teve algumas infiltrações no BGB, de tal modo que se projetou no nosso, não só diretamente, mas pelo próprio modelo germânico. Chegamos assim à conclusão de que o nosso é essencialmente europeu e ideologicamente romano, o que torna o Brasil um componente do sistema jurídico romano, como aliás a maioria dos países, excetuando-se os muçulmanos e os ligados ao sistema anglo.

Conclusão a que também chegamos é a de que nosso código, completado por Clovis Bevilaqua em 1899, baseado nas Ordenações do Reino de 1603, no Código Civil francês de 1804 e no Código Civil alemão de 1896, é um código do século retrasado. Embora tenha entrado em vigência em 1917, é ideologicamente do século XIX. Não incorpora qualquer idéia surgida no século XX. Não sofreu em seu conjunto o impacto das idéias socialistas. Na sua linguagem, nas suas idéias e em outros aspectos, foi superado pelo tempo, justificando os reclamos de vários juristas para a sua revisão.

Essa revisão tem sido tentada sem sucesso. Em 1940, o governo brasileiro nomeou uma comissão de eminentes juristas, Orozimbo Nonato, Hahnemann Guimarães e Philadelfo Azevedo, para revisar nosso código e apresentar um anteprojeto. A douta comissão julgou melhor elaborar um código das obrigações, separado do Código Civil, a exemplo da Suíça. O anteprojeto foi publicado e recebido com um misto de frieza, antipatia e receio; não permitiam que prosperasse.

Nova tentativa ocorreu em 1965, a cargo de dois insignes civilistas: Orlando Gomes e Caio Mário da Silva Pereira; o primeiro elaborou o anteprojeto do Código Civil e o segundo o Código das Obrigações. Apresentados ao Congresso Nacional, foram recebidos com tanto receio e repulsa que o governo acabou retirando-os, mesmo porque já estávamos sob uma ditadura militar. Ante essa ignomínia, o professor Caio Mário da Silva Pereira expressou seu irônico amargor nas seguintes palavras: "Não se consegue cumprir uma reforma de profundidade sem contrariar opiniões, sem vencer resistências, sem afrontar, mesmo, a força da inércia que prefere o comodismo da rotina à visão dos novos horizontes. Sem embargo, porém, de tais tropeços, a revisão do Código de 1916 virá, pois não se compreende que um país, que avança corajosamente para o futuro, se condene voluntariamente a guardar fidelidade a uma ordem jurídica irresistível para o progresso e para o desenvolvimento".

1.5. A Lei de Introdução ao Código Civil

Em 1916, juntamente com o Código Civil, foi promulgada a Lei de Introdução ao Código Civil. Nesse aspecto também foi seguida a orientação do BGB e nossa lei adotou muitos critérios da lei alemã. As disposições da Lei de Introdução ao Código Civil concentram-se em duas áreas primordiais: o *modus faciendi* da aplicação da lei e da aplicação da lei estrangeira no país. Dispõe sobre a vigência da lei, sua revogação, a aplicação das outras fontes do direito, a *vacatio legis*, a coisa julgada. No segundo campo de aplicação, estabelece a Lei de Introdução ao Código Civil as normas básicas de Direito Internacional Privado, aplicáveis ao Direito de Família, das Coisas, das Obrigações, das Sucessões, domicílio, cartas rogatórias, execução de sentença estrangeira no Brasil.

Devido à 2ª Guerra (1939-1945), essa lei foi reformulada, uma vez que havia no Brasil muitos imigrantes oriundos de países contra os quais nosso país declarou estado de guerra. As principais modificações diziam respeito à consideração do domicílio no Brasil, como elemento de ligação com a lei, descartando a consideração da nacionalidade. Terminada a guerra, em 1945, deveria a lei ser corrigida, mas conserva-se até hoje, a não ser algumas modificações determinadas por leis posteriores, como a Lei do Divórcio.

Embora esteja integrada no Código Civil e tenha sido promulgada junto com ele, como aconteceu com o BGB, a Lei de Introdução ao Código Civil estabelece normas aplicáveis a todos os ramos do direito e não apenas ao Direito Civil. Por isso, foi confiada ao insigne jurista Haroldo Valladão a tarefa de revisar essa lei, tendo ele apresentado magistral trabalho, com o nome de Lei Geral de Aplicação das Normas Jurídicas. Contudo, da mesma forma que os projetos do Código Civil, o projeto Valladão foi relegado ao desprezo e o consagrado mestre acabou levando para o túmulo o amargor da injustiça de que foi vítima.

1.6. O novo Código Civil

Finalmente, nova tentativa quase frustrada ocorreu mas chegou a bom termo. Foi constituída pelo Governo Federal a comissão de juristas de elevado conceito encarregada de elaborar outro projeto do novo código. Apresentado o projeto ao Congresso Nacional em 1975, depois de tantas marchas e contra-marchas, foi promulgado pela Lei 10.406 de 10.1.2002, com "vacatio legis" de um ano, para ter eficácia em 11.1.2003.

No dia seguinte ao da promulgação, em 11.1.02, os jornais e outros órgãos de comunicação, ao mesmo tempo em que noticiavam o advento do novo código, teceram muitas críticas a ele. Sucederam-se declarações de inúmeros juristas apontando falhas omissões e defeitos. Várias comissões foram constituídas para a revisão e reforma do novo código, que nem entrara em vigência plena.

A crítica principal, levantada com veemência, era a de que o novo código não permitia o casamento entre pessoas do mesmo sexo, o que representava um retrocesso, pois o antigo não continha essa proibição. Outra, a de que não previa a clonagem. Houve em São Paulo a passeata chamada de "orgulho gay", em que teriam participado cem mil pessoas, em protesto contra o novo código.

Pouco a pouco, porém, o assunto foi cansando os espíritos e o ambiente se acalmou. Poucos meses antes de vencer a "vacatio legis", cogitou-se de prorrogá-la para mais um ano, a fim de dar ao país tempo maior para se adaptar ao sistema jurídico emergente da nova lei. A prorrogação seria dada por Medida Provisória do Presidente da República ou pelo novo presidente, recém-eleito.

Críticas tão estapafúrdias só confundiram a opinião pública. O próprio código prevê várias formas de se estabelecerem direitos e obrigaçoes para pessoas do mesmo sexo que quisessem estabelecer convivência "more uxorio". Absurdo seria que por causa dessa ridícula pretensão fosse repelido todo o sistema jurídico reclamado pelo país há mais de meio século. Toda essa celeuma era inconsistente, superficial e destituída de base científica.

Verdade é contudo que o novo Código Civil brasileiro é um monumento de perfeição, um primor de técnica legislativa. Baseou-se realmente no Código Civil italiano, de 1941, surgido na era da ditadura fascista de triste memória. Sofreu por isso a acusação de superado, "fascistóide" e falto de originalidade. Essas investidas porém não resistem à análise serena e científica de espíritos esclarecidos. Fato é que seguiu o modelo italiano, mas este foi-se aperfeiçoando e atualizando no decorrer dos 60 anos de vida, mantendo-se sempre atualizado, moderno e dinâmico. Era apontado por juristas do mundo todo como o mais perfeito dos códigos.

Nem tampouco se poderá dizer que o Código Civil brasileiro seja cópia do seu congênere italiano. Basta comparar um com o outro e poder-se-á notar que o nosso é mais moderno, mais bem elaborado e bastante autêntico. Adapta toda e qualquer disposição, mais peculiar, às nossas necessidades, aos nossos interesses. Nosso código é nosso, é brasileiro, não italiano. Foi elaborado por comissão de juristas brasileiros e submetido à apreciação do Congresso Nacional, formado pelos representantes do povo brasileiro, que lhe introduziram centenas de emendas. Com a Constituição Federal de 1988, voltou o projeto à comissão, que o adaptou à nova constituição e depois foi amplamente discutido e aceito pelos representantes da nação brasileira.

Há outro importante aspecto a ser considerado. O novo código procurou conservar o que de mais louvável e positivo havia no anterior. O código de 1916 convive com o Código Civil italiano como fonte de inspiração e influência na elaboração do novo código. Há grande número de artigos que se reproduzem "ipsis literis" no novo. Não procurou o nosso novo código ser revolucionário, iconoclasta ou mesmo renovador; não desmerece nem despreza as conquistas legislativas de um século de nossa história, empreendidas por nossos antecessores. Nosso código é conservador, tradicionalista no sentido de conservar o que de melhor adquiriu o direito brasileiro. É, ao mesmo tempo, revolucionário, no sentido de incorporar as inovações e conquistas nacionais e internacionais dos últimos anos.

Vamos citar alguns poucos exemplos que nos farão admirar a nova criação jurídica brasileira. Implanta no direito brasileiro e moderna e dinâmica teoria da desconsideração da personalidade jurídica, a "Disregard Theory", o que poucos países já fizeram. Disciplina vários contratos ecléticos do mundo moderno, como o do "crédito documentário", chamado pelo nosso código como "venda sobre documentos". Prevê o "compromisso", abrindo caminho para a aplicação da arbitragem, como sistema alternativo de resolução de litígios. Faz a previsão do futuro quanto à reprodução humana artificial, o que não se nota no código de muitos países.

Sob o ponto de vista pragmático, o novo código mal está entrando em vigor e não temos jurisprudência a seu respeito. É possível que no decorrer dos próximos anos revele ele alguns pontos falhos, obscuros. Só o futuro dirá, quando o novo sistema jurídico venha a ser aplicado.

1.7. Visão topográfica do novo código

O atual Código Civil brasileiro tem 2.046 artigos, enquanto o antigo tinha 1.807. A razão primordial do aumento de artigos deve-se à inclusão do Livro II: Do Direito de Empresa, ao incorporar o Livro I do antigo Código Comercial de 1850. Ocupa-se a nova inclusão dos arts.966 a 1195. Sua estrutura não é muito diferente do código de 1916 e, como o antigo, consta de duas partes: Parte Geral e Parte Especial.

Consta a Parte Geral de vários itens expostos adiante num sentido geral:

Das pessoas – arts. 1º ao 69

Fala das pessoas naturais e jurídicas, trazendo para este item o instituto da ausência, que no antigo código pertencia ao Direito de Família.

Do domicílio – arts. 70 a 78

Reproduz, mais ou menos, o disposto no código anterior. Elimina, porém a discriminação da mulher casada, que era obrigada a adotar o domicílio do marido.

Dos bens – arts. 79 a 103

Conservou ao máximo as disposições do antigo código. Contudo, o antigo fazia confusão entre "bens" e "coisas", enquanto o novo só fala em "bens", ficando mais esclarecida essa questão.

Dos fatos jurídicos – arts. 104 a 184

Ficou introduzida sugestiva inovação, adotando a denominação de "negócio jurídico" dada ao antigo "ato jurídico". Negócio jurídico é ato bilateral, ou seja, ato praticado por uma pessoa com reciprocidade de outra. Essa expressão já tinha sido prevista no projeto de 1965.

Dos atos jurídicos lícitos – art. 185

O ato jurídico ficou separado do negócio jurídico, e corresponde à declaração unilateral de vontade. É ato unilateral.

Dos atos ilícitos – arts. 186 a 188

Seguindo a orientação do antigo código, o novo discrimina ato ilícito de ato jurídico, pois atos ilícitos não podem gerar direitos.

Da prescrição e da decadência – arts. 189 a 211

Conserva mais ou menos as mesmas bases do antigo, eliminando as "antigüidades", como atos praticados por mulher casada e outras relacionadas à família e às sucessões. Eliminou ainda a prescrição da ação do marido para anulação do casamento contraído com "mulher já deflorada".

Da prova – arts. 212 a 232

Com muitas modificações, este item acabou por ser conservado. Causou retardamento na tramitação do processo, pois a comissão revisora achou que a prova é tema do Código de Processo Civil, não havendo necessidade de figurar em dois códigos.

PARTE GERAL

Após a Parte Geral, o novo código passa a regulamentar cada ramo do Direito Civil, em vários títulos, a saber:

Direito das Obrigações – arts. 233 a 420;

Direito Contratual- arts. 421 a 853;

Dos atos unilaterais – arts. 854 a 886;

Dos títulos de crédito – arts. 887 a 926;

Da responsabilidade civil – arts. 927 a 954;

Das preferências e privilégios creditórios – arts. 955 a 965;

Do Direito de Empresa – arts. 966 a 1.195.

Este item foi a mais profunda transformação trazida pelo atual Código Civil, exposta em título próprio. Absorveu grande parte do Código Comercial, constituindo-se na lei básica do moderno Direito Empresarial. Pode-se dizer que sob o ponto de vista dogmático ou doutrinário o novo código não operou profundas modificações no Direito Civil. No que tange ao Direito Empresarial, houve radical, profunda e abrangente revolução, adaptando o direito fundamentado no Código Comercial de 1850 à nova era.

Como é ramo do direito privado, apartado do Direito Civil, evitaremos traçar considerações sobre esta questão, remetendo-a a obras específicas publicadas por esta mesma editora, como Moderno Curso de Direito Comercial e Direito Societário.

Do Direito das Coisas – arts. 1.196 a 1.510;

Do Direito de Família – arts. 1.511 a 1.783;

Do Direito das Sucessões – arts. 1.784 a 2.027;

Das disposições finais e transitórias – arts. 2.028 a 2.046.

2. DAS PESSOAS NATURAIS

2.1. Pessoa e personalidade

2.2. Nascituros

2.3. Somos todos iguais?

2.4. A comoriência

2.5. O Registro Civil das Pessoas Naturais

2.6. Dos direitos da personalidade

2.1. Pessoa e personalidade

Essas duas palavras originam-se etimologicamente da expressão latina *per sona* (através do som). No teatro greco-romano os atores não faziam expressões faciais mas usavam máscaras, recorrendo a várias delas numa mesma peça teatral. Passou-se daí para que a máscara, a "per sona", designasse o ator, ou seja, quem falasse através da máscara. Veremos então como essas duas palavras penetram na órbita do direito.

Juridicamente, pessoa é quem pode adquirir direitos e contrair obrigações; em outras palavras, é quem pode ser sujeito de direitos e obrigações. Sob o ponto de vista do Direito Processual, pessoa é quem pode ser parte num processo judicial. A pessoa tem capacidade jurídica de empreender uma ação judicial, reclamando seus direitos: é o autor da ação. Pode também estar no outro pólo da ação, ou seja, o réu; é a pessoa contra a qual os direitos estejam sendo reclamados. Salvo o aspecto da pessoa jurídica, pessoa é o homem, assim considerado o ente humano.

Conforme o art. 2º, toda pessoa é capaz de direitos e deveres na ordem civil. O termo "pessoa", aqui aplicado, compreende todos os seres humanos, sem distinção de sexo, raça, religião, nacionalidade, formação ideológica ou quaisquer outros aspectos discriminadores. Todo direito terá seu titular e esse titular será sempre um ser humano. Assim, se um ser humano matar um cachorro, poderá ser processado por isso. Não porque o cachorro tenha direito à vida, mas porque o dono dele tem direito a essa vida, ou então, a morte do cachorro pode ferir a sensibilidade de outras pessoas.

Para os antigos romanos, o termo "pessoa", de origem teatral, entrou posteriormente no vocabulário jurídico. Para eles, o ser humano era denominado "homo", termo que também se aplica às mulheres. A função do direito era a de regular a vida dos homens, único destinatário da norma jurídica. Entretanto, nem todos os homens podiam ser sujeito de direitos, tinham personalidade plena, pois a condição de homem não era suficiente para que a lei lhe concedesse direitos. Todavia, a evolução do direito eliminou os cidadãos de 1ª, 2ª ou 3ª classes, nivelando-os conforme os princípios da nossa atual Constituição.

Contudo, se toda pessoa é capaz de direitos e deveres, o exercício desse direito sofre algumas restrições e adquire matizes especiais. Um menor de idade, por exemplo, para requerer em juízo, não poderá fazê-lo a não ser em obediência a certas condições, embora seja uma pessoa. Surge então a consideração da personalidade, além da de pessoa. A personalidade é um atributo jurídico da pessoa.

A personalidade torna alguém suscetível de adquirir direitos e reclamá-los. Por outro lado pode ser cobrado por outra pessoa, para cumprir determinada obrigação. Desde quando e até quando pode uma pessoa adquirir direitos e contrair obrigações? A resposta nos é dada respectivamente pelos arts. 3º e 4º de nosso Código Civil. A personalidade civil do homem começa do nascimento com vida; mas a lei põe a salvo desde a concepção os direitos do nascituro (art. 2º).

Nossa lei exige dois requisitos para a aquisição da personalidade: nascer e nascer com vida. Segundo os antigos romanos, vida origina-se de sopro. Considera-se viva a criança que respira e portanto tem ela personalidade. A expressão "personalidade", aqui utilizada, significa que a criança nascida viva pode ser titular de direitos.

A aquisição da personalidade verifica-se no momento em que o ser humano se desgarra do corpo materno e passa a ter existência autônoma. Iniciada, com o nascimento, a existência autônoma, a pessoa desfruta de proteção jurídica independente da que concerne à sua mãe. O natimorto, entretanto, não adquire personalidade jurídica, por não ter tido vida autônoma de sua mãe.

A extinção da personalidade jurídica deriva da morte da pessoa. Na pessoa, integram-se o elemento espiritual e o material; o espírito e o corpo. O cadáver é o corpo de um homem, não um homem. De outra parte, a morte física do homem é a única causa da extinção de sua personalidade. A morte é um fato que deve ser provado e, em certas ocasiões, deve ser provado também o momento em que a morte se deu. Por isso, diz o art. 6º que a existência da pessoa natural termina com a morte.

Por enquanto, estamos considerando como pessoa apenas um tipo de pessoa: a natural. Assim é chamada por advir de um ato da natureza. Contrapõe-se à pessoa jurídica, que advém da burocracia. Nossa lei a chama de pessoa natural, mas os romanos a chamavam, em fase posterior, de "física", classificação também encontrada nos códigos da Itália e da França. As duas designações são entretanto utilizadas pelo direito de vários países. O novo Código Civil adotou "pessoa natural".

2.2. Nascituros

É *sui generis* a situação do nascituro, assim considerado o feto, o concebido, mas que se encontra ainda no ventre materno. Não é uma pessoa, mas diz o art. 2º que a lei põe a salvo desde a concepção os direitos do nascituro. O direito romano também reservava essa condição ao nascituro, concedendo-lhe os direitos que seriam automaticamente adquiridos ao nascer. Surgiu daí a citação de Gaio: "Nasciturus pro iam nato habetur" (o nascituro tem-se como nascido).

Vejamos um exemplo: falece um marido, deixando viúva grávida. O filho concebido não é pessoa, ou seja, não pode adquirir direitos. Abre-se a sucessão do *de cujus* antes do nascimento do nascituro, razão pela qual não é ele incluído na herança. Ao nascer, porém, adquire ele direito à herança, como se o nascimento tivesse efeito retroativo. É conveniente, entretanto, citar que os direitos reconhecidos pela lei ao nascituro estão subordinados ao seu nascimento com vida.

O nascituro é uma "esperança de homem"; por isso, a atribuição de direitos que lhe faz a lei está subordinada à realização dessa esperança. Com o nascimento, os direitos se consideram adquiridos desde a concepção. Destarte, não é o nascituro capaz com referência a esses direitos; o nascimento faz com que ele os adquira desde o momento da concepção. Assim sendo, a "antecipação" da personalidade depende do nascimento. Por exemplo: um cidadão faz um testamento, deixando alguns bens para um sobrinho, que está para nascer, mas falece antes do nascimento. O sobrinho não terá ainda adquirido qualquer direito, pois não é pessoa; só o adquirirá no momento em que nascer, uma vez que se tornou pessoa.

Um caso nos deixa em dúvida: se este cidadão deixar bens para um sobrinho não concebido ainda. Um jurista francês acha que, se nascer, o sobrinho adquirirá direito aos bens. Far-se-ia assim a vontade do testador, segundo um provérbio francês: "s'il y a quelque chose de sacré parmi les hommes, c'est la volonté des mourants" (se há alguma coisa de sagrado entre os homens, é a vontade dos moribundos).

2.3. Somos todos iguais?

Há o princípio jurídico, por demais vulgarizado, de que todos são iguais perante a lei. Esse princípio é reafirmado em vários diplomas legais, o que faz o Código Civil com referência a brasileiros e estrangeiros. A lei não distingue entre nacionais e estrangeiros quanto à aquisição e ao gozo dos direitos civis. Encontramos ainda no art. 95 da lei que define a situação jurídica do estrangeiro no Brasil (Lei 6.815, de 19.8.1980) a afirmação de que o estrangeiro residente no Brasil goza de todos os direitos reconhecidos aos brasileiros, nos termos da Constituição e das leis.

Nossa máxima lei, a Constituição da República Federativa do Brasil, de 1988, declara no art. 3º que constitui um dos motivos fundamentais da República promover o bem de todos, sem preconceitos de origem, raça, sexo, cor, idade e quaisquer outras formas de discriminação. No art. 5º confirma que todos são iguais perante a lei, sem distinção de qualquer natureza, garantindo-se aos brasileiros e aos estrangeiros residentes no país a inviolabilidade do direito à vida, à liberdade, à igualdade, à segurança e à propriedade.

Contudo, leis posteriores à promulgação do Código Civil foram estabelecendo discriminações e vedações às faculdades e possibilidades dos estrangeiros. Uma área da atividade profissional hostil a estrangeiros é a das comunicações. Não pode o estrangeiro, mesmo residente no Brasil, ocupar cargo em, nem deter o capital de empresa que mantenha jornais, revistas, estações de rádio e de TV. Não pode o estrangeiro dedicar-se a transportes marítimos no território nacional, em rios e lagos ou nas costas brasileiras, chamados de cabotagem. Não poderão possuir imóveis junto às fronteiras do Brasil com outros países, perto de instalações militares ou outras áreas de segurança, como os terrenos de marinha.

Muitas outras vedações foram aparecendo na legislação complementar ao Código Civil, fazendo com que o sentido do art. 3º se tornasse bastante movediço. Assim sendo, surgiram três classes de brasileiros: natos, naturalizados e estrangeiros (considerando-se estes últimos como nascidos no exterior e vivendo no Brasil). No Título II, capítulo III da Constituição Federal, que trata da nacionalidade, diz o art. 12, § 2º, que a lei não poderá estabelecer distinção entre brasileiros natos e naturalizados, salvo em alguns casos especiais previstos na própria Constituição.

2.4. A comoriência

Entende-se como comoriência a morte de duas ou mais pessoas simultaneamente. É o exemplo de um casal que morre num desastre, sem que o atestado de óbito possa declarar quem tenha morrido primeiro. Importante, pois, é a perícia técnica para a determinação da hora do falecimento, a ser declarada pelo atestado de óbito. Se dois ou mais indivíduos faleceram na mesma ocasião, não se podendo averiguar se algum dos comorientes precedeu aos outros, presumir-se-ão simultaneamente mortos (art. 8º).

A comoriência não é uma questão juridicamente despicienda, uma vez que poderá provocar situações jurídicas variáveis, mormente no direito das sucessões. Vamos examinar as ocorrências de marido e mulher falecidos num acidente. O casal não tem filhos nem pais, que são os herdeiros mais diretos. Se o marido falecer antes, a mulher será herdeira dele; se a mulher falecer antes, o marido será herdeiro dela.

Nessa situação, examinaremos a possibilidade de o marido ter falecido antes; a mulher herdará todos os seus bens. Porém, a mulher faleceu em seguida. Como eles não tinham filhos nem pais, o irmão da mulher poderá reclamar a herança. Se o marido tiver irmãos, estes nada receberão. Digamos entretanto que o casal seja comoriente, isto é, ambos terão falecido simultaneamente. Nesse caso, um não é herdeiro do outro. A herança do casal poderá ser reclamada pelos irmãos do marido e da mulher, em igualdade de condições.

2.5. O Registro Civil das Pessoas Naturais

Tanto a personalidade como a capacidade devem ser provadas se invocadas em juízo, ou perante terceiros com quem uma pessoa mantenha negociações. As provas são os documentos extraídos dos registros lançados em órgãos oficiais; são as certidões. Por elas, o oficial de registro certifica o lançamento do registro em livros especiais, legalmente adotados para comprovar o estado jurídico das pessoas.

Por essa razão, estabeleceu o art. 9° do Código Civil que serão inscritos em registro público: os nascimentos, casamentos, separações judiciais, divórcios, óbitos, a emancipação por outorga do pai ou da mãe, ou por sentença do juiz, a interdição dos loucos, dos surdos-mudos, dos pródigos e a sentença declaratória de ausência. Esses lançamentos deverão ser feitos no Cartório de Registro Civil das Pessoas Naturais. Essa questão está regulamentada pela Lei dos Registros Públicos (Lei 6.015/73).

Os arts. 29 a 32 da Lei dos Registros Públicos cuida especificamente do registro civil das pessoas naturais. Confirma o art. 29 dessa lei o que dispõe o art. 9° do Código Civil, dizendo que serão registrados os nascimentos, os casamentos, os óbitos, as emancipações, as interdições, as sentenças declaratórias de ausência, as opções de nacionalidade e as sentenças que deferirem a legitimação adotiva. Além desses registros, há a averbação, lançamento das modificações ocorridas no "status" de pessoas registradas, mantendo atualizado o registro. Devem ser averbadas as sentenças que decidirem a nulidade ou anulação do casamento, a separação ou o restabelecimento da sociedade conjugal; as sentenças que julgarem ilegítimos os filhos concebidos na constância do casamento e as que declararem a filiação ilegítima; os casamentos de que resultar a legitimação de filhos havidos ou concebidos anteriormente; os atos judiciais ou extrajudiciais de reconhecimento de filhos ilegítimos; as escrituras de nomes.

Por exemplo: é registrado o nascimento de uma pessoa; posteriormente é concedida judicialmente a emancipação dessa pessoa; a sentença declaratória da emancipação deverá ser averbada no registro de nascimento. Deverá ser emitida então outra certidão de nascimento, na qual constará a maioridade adquirida por sentença judicial.

2.6. Dos direitos da personalidade

Direitos da personalidade são os direitos pessoais, inerentes à pessoa humana, nascidos com ela como o sexo, a maternidade, a paternidade, a vida privada, o nome, o estado civil, a saúde, a vida. Politicamente tem recebido o nome de "direitos humanos", designação essa causadora de inúmeras controvérsias.

Com exceção dos casos previstos em lei, os direitos da personalidade são intransmissíveis e irrenunciáveis, não podendo o seu exercício sofrer limitação (art. 11). No mundo moderno, porém, os direitos da personalidade, como qualquer outro direito, sofrem inúmeras restrições, pois nossa liberdade é tolhida, terminando onde começa a liberdade de nosso semelhante. Por exemplo, é ampla em princípio a liberdade de fumar; a lei não proíbe mas até tutela. Entretanto, se estamos em ambiente coletivo, o nosso cigarro inibe a liberdade de nosso vizinho; onde começa a liberdade de nosso vizinho, termina a nossa. Com o progresso geral da humanidade, nossos vizinhos cada vez mais apertam o cerco, de tal forma que se vai estreitando o limite de nossa liberdade.

Entretanto, exige o direito que a lei delimite esse limite, não ficando ao arbítrio dos cidadãos. Não se pode transmitir tais direitos, como por exemplo doar ou vender o próprio nome. Será possível que alguma pessoa seja registrada com nome igual ou semelhante ao nosso, mas é direito dessa pessoa, sem que tenha havido cessão pelo seu homônimo.

Pode-se exigir que cesse a ameaça ou a lesão ao direito da personalidade e reclamar perdas e danos, sem prejuízo de outras sanções previstas em lei. Em se tratando de morto, terá legitimação para requerer essas medidas o cônjuge sobrevivente, ou qualquer parente em linha reta, ou colateral até o quarto grau (art.12). A tutela dos direitos da personalidade parte da Constituição Federal, mas está melhor especificada no Código Civil. A infração maior é tolher a liberdade e a vontade de um cidadão. É o caso de se colocar escuta telefônica, seguir os passos de alguém, submetê-lo a cárcere privado, constrangendo a vontade e a liberdade de uma pessoa. Será infração legal caçoar do nome de uma pessoa ou de defeito físico.

Salvo por exigência médica, é defeso o ato de disposição do próprio corpo, quando importar diminuição permanente da integridade física, ou contrariar os bons costumes. Será entretanto possível para os fins de transplante, na forma de lei especial. A lei especial em questão é a Lei 9.434/97. O corpo humano é patrimônio pessoal, mas não pode ser objeto de transação. Lei especial moderna complementou nosso código antes que ele fosse promulgado. Todavia, essa lei permite a disposição gratuita de tecidos, órgãos e partes do corpo humano, em vida ou "post mortem", para fins de transplante e tratamento. A Lei 9.434/97 dá ampla regulamentação sobre esse problema.

Em sentido mais amplo também o código considera válida, com objetivo científico, a disposição gratuita do próprio corpo, no todo ou em parte, para depois da morte. É, por exemplo, a doação por testamento, legando seu corpo à faculdade de medicina, para pesquisa da doença que tiver vitimado o "de cujus", Como a vontade dos moribundos é sagrada, a lei respeita o momento de nobreza ao dispor em benefício coletivo do último patrimônio que talvez lhes restou. O ato de disposição pode ser livremente revogado a qualquer tempo.

Ninguém pode ser constrangido a submeter-se, com risco de vida, a tratamento médico ou a intervenção cirúrgica (art.15). Os direitos da personalidade, dos quais estamos falando, foram introduzidos pelo Código Civil de 2002, uma vez que não constaram no de 1916. Grande e frequente problema representa a situação do paciente submetido a aparelhamento eletrônico, com seus órgãos funcionando mecanicamente, dando-lhe vida artificial. O desligamento desses aparelhos era considerado eutanásia, ainda que fosse pedido pelo paciente ou pelos parentes. Cabe agora ao paciente o direito de furtar-se a submeter-se a operação perigosa, preferindo outros tratamentos ou deixar que o próprio organismo apresente reação.

Afora os direitos pessoais sobre o próprio corpo, o código prevê os direitos sobre o próprio nome. Toda pessoa tem direito ao nome, nele compreendidos o prenome e o sobrenome (art.16). Ninguém deve ser privado de seu nome; se o pai ou a mãe deixar de registrá-lo, a lei deve prover a solução para essa deficiência. O nome é o elemento identificador da pessoa, distinguindo-a das demais. Cabe à pessoa ainda o direito de mudar o nome se a identificação vier a ser perturbada. Muitas pessoas já foram presas por crimes cometidos por homônimos; outras sentiram restrições creditícias. Havendo justo motivo, o prejudicado poderá introduzir, por exemplo, o sobrenome da mãe ou ampliar o nome do pai.

O nome da pessoa não pode ser empregado por outrem em publicações ou representações que a exponham ao desprezo público, ainda quando não haja intenção difamatória (art.17). Eis aqui aspecto negligenciado mas o Brasil deve esperar que a nova disposição legal possa concertar. Aliás não é só o nome mas a própria pessoa deve ser preservada. Não se trata propriamente de crime contra a honra, mas da exploração do nome de outra pessoa em noticiário político ou em outras áreas. Os abusos advêm principalmente dos órgão da imprensa.

Sem autorização, não se pode usar o nome alheio em propaganda comercial (art.18). Não é necessário que o uso do nome alheio seja difamatório, mas não deve ele ser utilizado em campanhas publicitárias, ainda que possa lhe trazer algum benefício. Por esta razão pessoas famosas, como artistas e atletas (Xuxa e Pelé, por exemplo) registraram o nome e o pseudônimo em órgão público, competente para lhe garantir direito de exclusividade na exploração do nome próprio e do "nome de guerra". O pseudônimo adotado para atividades lícitas goza da proteção que se dá ao nome.

Salvo se autorizadas, ou se necessárias à administração da justiça ou à manutenção de ordem pública, a divulgação de escritos, a transmissão da palavra, ou publicação, a exposição ou a utilização da imagem de uma pessoa poderão ser proibidas, a seu requerimento e sem prejuízo da indenização que couber, se lhe atingirem a honra, a boa fama ou a respeitabilidade, ou se se destinarem a fins empresariais. Em se tratando de morto ou de ausente, são partes legítimas para requerer essa proteção o cônjuge, os ascendentes ou os descendentes (art.20). Já existiam várias normas a este respeito, muitas das quais emanadas de órgãos públicos, mas necessidade havia de se adotar disposições mais elevadas, como fez o código. Esse assunto foi analisado em diversas obras jurídicas e também foi tema de dissertação de mestrado ou tese de doutoramento, tal é a complexidade da questão. Por exemplo, a publicação de fotos de uma pessoa numa boate ou lugares suspeitos pode ferir sua imagem. Apontar publicamente defeito físico ou moral de alguém é notícia prejudicial à imagem. Como também publicar fotos de pessoa famosa fazendo compra de determinado produto ou numa loja; é evidente que a imagem dessa pessoa está sendo usada para propaganda do produto ou da loja.

A vida privada da pessoa natural é inviolável, e o juiz, a requerimento do interessado adotará as providências necessárias para impedir ou fazer cessar ato contrário a essa norma (art.21). Procura a lei evitar o tolhimento da liberdade individual, causando constrangimento às pessoas no trato com outras. Não estabelece o código quais seriam os atos contrários a essa norma, mas podemos analisar alguns. Ato frontal seria a colocação de escuta telefônica, fato que ocorre comumente. Outro é violar correspondência alheia. Outro a colocação de detetives para seguir os passos de alguém, às vezes até filmando os trajetos seguidos, ou tirando fotografias de alguém freqüentando lugares depreciativos, quando não publicando tais fotos. As atividades de detetives particulares são muito divulgadas pelo cinema por ser atividade lícita nos EUA, mas no Brasil essa atividade é proibida. O que pode ser feita é a averiguação de fatos contábeis, financeiros e comerciais sobre empresas e pessoas físicas, desde que não constituam fatos passíveis de investigações policiais.

Em nossa opinião, a invasão da vida privada verificou-se com o imposto sobre movimentação financeira. Graças a ele o Governo pode controlar a vida privada do cidadão, sabendo quanto dinheiro ele tem, quanto gasta e como gasta.

3. DA CAPACIDADE CIVIL

3.1. Personalidade e capacidade

3.2. A incapacidade

3.3. A incapacidade absoluta

3.4. A incapacidade relativa

3.5. Aquisição da maioridade

3.1. Personalidade e capacidade

A capacidade é a aptidão de uma pessoa para praticar os atos da vida civil. É a conseqüência natural da personalidade jurídica de uma pessoa. Surgem-nos, a este respeito, muitas dúvidas, por serem usadas três expressões, cuja conexão é muito íntima e cujas diferenças são muito tênues: pessoa, personalidade e capacidade.

Pessoa é o homem, o ente humano; tem ela uma existência real, material. A pessoa tem personalidade jurídica por ser sujeito de direitos, isto é, pode exigir seus direitos e pode outra pessoa exigir dela o cumprimento de obrigações. Todo homem, toda pessoa, é dotada de personalidade.

O mesmo não ocorre quanto à capacidade, que varia de pessoa para pessoa. A capacidade é um atributo da pessoa que tem personalidade. É a aptidão para a prática de atos da vida civil. Nem todos têm capacidade jurídica para a prática de certos atos. Por exemplo: uma pessoa de 15 anos de idade tem personalidade, porque pode adquirir direitos. Não tem, contudo, capacidade para praticar certos atos da vida civil, como casar-se ou celebrar certos contratos.

Veremos porém duas facetas da capacidade. A aptidão para adquirir direitos da vida civil é chamada de "capacidade de direito". A aptidão para exercer esses direitos por si mesma é chamada de "capacidade de fato". Capaz é assim a pessoa que se encontra no pleno exercício de seus direitos. Pode o capaz exigir seus direitos, por um atributo natural de sua personalidade. Em princípio, toda pessoa tem capacidade para adquirir seus direitos.

3.2. A incapacidade

Incapacidade é a ausência de capacidade, ou seja, a impossibilidade legal da prática dos atos da vida civil, embora não se verifique ausência da personalidade. A incapacidade é a impossibilidade momentânea da prática de certos atos, em razão de circunstâncias e de interesse social. Acolhendo esse interesse social, a lei estabelece restrição à faculdade de agir do incapaz, em benefício não só da sociedade, mas dele próprio. Vimos pois que a incapacidade decorre da lei.

Há graduação no teor da incapacidade; umas são mais profundas, outras superficiais. Assim, uma pessoa de 17 anos deverá ter um grau de incapacidade, enquanto a de 2 anos possuirá outro grau. Além disso, submete-se ela à ação do tempo. Um menor de 18 anos é atingido pela incapacidade, que cessará quando ele completar 18 anos. Um dependente de drogas poderá ser declarado incapaz enquanto estiver sob o efeito do vício, mas, conseguindo arredá-lo, poderá recobrar sua capacidade jurídica. Há portanto a capacidade apenas temporária, não definitiva. Haverá entretanto incapacidade absoluta e relativa.

3.3. A incapacidade absoluta

A total inaptidão para o exercício pessoal de direitos e execução de atos da vida civil denomina-se incapacidade absoluta. O absolutamente incapaz pode adquirir direitos, mas não exercê-los pessoalmente. Exerce-os entretanto por intermédio de seu representante legal, como seu pai. Não pratica diretamente atos da vida civil, mas por intermédio de outra pessoa que o representa. A representação dá-se naturalmente pelo pai ou pela mãe. Se o absolutamente incapaz não tiver pessoa com relação de parentesco hábil para assumir a representação, ser-lhe-á dado judicialmente um representante legal, como um tutor ou um curador. Os absolutamente incapazes são indicados no art. 3º.

I — O caso mais comum de absolutamente incapaz é o do menor de 16 anos. A restrição legal é taxativa: são absolutamente incapazes os menores de 16 anos. O limite de idade é arbitrário e peculiar ao direito de cada país. No Brasil, pelo arbítrio legislativo, o menor de 16 anos é considerado ainda imaturo para a prática de atos da vida civil, sendo nulos de pleno direito os atos que ele praticar. Aplica-se esse limite tanto para o homem como para a mulher.

Também são absolutamente incapazes de exercer pessoalmente os atos da vida civil os que, por enfermidade ou deficiência mental não tiverem o necessário discernimento para a prática desses atos. Igualmente os que não puderem exprimir sua vontade.

O estado jurídico a que se refere esse inciso do art. 3º tem entretanto uma designação legalmente aceitável: o interdito. Resulta esse tipo de absolutamente incapaz de um processo de interdição, pelo qual alguém que tenha interesse na interdição, como os próprios pais, requer à justiça a declaração de interdição de uma pessoa que não apresenta suficiente discernimento mental para distinguir o bem do mal, a conveniência ou não dos atos que praticar. Munindo-se dos laudos médicos necessários, o juiz poderá declarar por sentença a interdição do mentalmente incapaz.

A sentença judicial nomeará então o "curador" encarregado de representar o interdito em atos que deva praticar.

3.4. A incapacidade relativa

Certas pessoas não apresentam motivos muito fortes para serem privadas do exercício de certos direitos, mormente de disposição patrimonial ou atos marcantes em sua vida. Assim, uma pessoa de idade entre 1 a 16 anos tem um grau diferente de capacidade ante outra de 16 a 18 anos. As pessoas dessa última faixa etária não são totalmente incapazes, mas apenas relativamente a certos atos ou ao modo de praticá-los. Seus atos não são nulos de pleno direito mas apenas anuláveis.

Não se aplica aos relativamente incapazes a figura da representação, mas da assistência. O relativamente incapaz comparece pessoalmente ao ato; está porém "assistido" por seu pai ou responsável. Em outros casos, o relativamente incapaz poderá praticar diretamente atos da vida civil, desde que conte com a autorização do pai ou responsável. A incapacidade relativa está prevista em três incisos do art. 4º.

As pessoas compreendidas nas idades do art. 4º constituem a primeira categoria dos relativamente incapazes. São eles incapazes relativamente a certos atos, mas não a outros.

Por exemplo: podem eles assinar um contrato de trabalho, podem comprar muitas coisas, podem freqüentar certos lugares mas não outros. São ainda incapazes em relação ao modo de praticar certos atos. Uma mulher entre 16 a 18 anos é incapaz para o casamento; poderá casar-se contudo se tiver autorização de seu pai ou responsável. Um menor de 18 anos e maior de 16 não poderá ser empresário, mas se for sócio de seu pai, cessará a incapacidade.

A segunda hipótese de incapacidade relativa é a dos pródigos. Considera-se pródigo uma pessoa perdulária, que dissipa seus bens sem controle ou os arrisca em aventuras, como no jogo. A consideração de pródigo deve ser feita judicialmente, em processo semelhante ao do ausente e do interdito. O pródigo ficará interdito de praticar atos de disposição patrimonial, podendo entretanto praticar os demais atos da vida civil.

O terceiro inciso do art. 4º prevê o problema do índio, que o código chama de silvícola. A incapacidade relativa dos índios está entretanto regulamentada pela atuação da FUNAI, com várias normas. O estatuto básico do índio é, porém, estabelecido pela Lei 6.001/73 e Dec. 88.118/83.

Trata-se de problema bastante delicado e vem dando margem a muitas explorações políticas, econômicas e sociais. O índio é um incapaz em relação a certos atos ou quanto à forma de praticá-los. Entretanto, aumenta cada vez mais no Brasil a convivência entre índios e "civilizados". O índio torna-se capaz no momento em que foi "assimilado" pela civilização. Não estabelece a lei os parâmetros seguros para essa assimilação, ou seja, em que momento o índio estará apto a conviver com os componentes da sociedade brasileira ocidentalizada.

Por outro lado, leis esparsas foram criando incapacidade especial. A Lei 6.368/76 regulamenta a incapacidade relativa dos dependentes de drogas. A Consolidação das Leis do Trabalho aos menores civilmente incapazes a capacidade para a prática de certos atos trabalhistas, como assinar contrato de trabalho, dar quitação do recebimento de salário, reclamar na justiça do trabalho sem a assistência do pai. O serviço militar confere capacidade ao reservista para certos atos peculiares à caserna, como incorporar-se ao exército ou portar armas. Considera como capaz o maior de 17 anos e o obriga a prestar o serviço militar.

3.5. Aquisição da maioridade

A incapacidade absoluta atinge as pessoas que ainda não completaram 16 anos, enquanto a incapacidade relativa aplica-se às pessoas compreendidas entre 16 e 18 anos. Aos 18 anos completos acaba a menoridade, ficando habilitado o indivíduo para todos os atos da vida civil (art. 5º). Com a maioridade, a pessoa adquire plena capacidade, tanto para a aquisição de direitos, como para exercitá-los. Assume ainda total responsabilidade pelos atos que praticar. Cessam para o maior os institutos da representação e da assistência do responsável, cessando também para o pai ou responsável qualquer responsabilidade pelos atos dele.

Vê-se assim que o meio normal e automático de aquisição da maioridade e a decorrente capacidade é o atingimento da idade de 18 anos completos. A causa é o decurso do tempo, aplicando-se tanto ao homem como à mulher. Todavia, há várias fórmulas para a antecipação da maioridade, sendo adquirida antes mesmo dos 18 anos. Essas fórmulas são indicadas em cinco incisos do parágrafo único do art. 5º e deles iremos nos ocupar.

I — O primeiro modo de aquisição da maioridade é o da emancipação por iniciativa do pai ou do representante legal. Diz o inciso I que a emancipação poderá ser por concessão dos pais se o menor tiver 16 anos completos. Ante o que dispõe a legislação atual, mormente a Constituição Federal de 1988, a mãe deve ter aptidão idêntica à do pai para conceder ao filho a capacidade civil antes da idade legal. Por esse inciso, a concessão cabe aos pais. Naturalmente, a mãe será investida nessa faculdade, se o pai for declarado interdito ou ausente.

Pelo teor desse inciso, entenda-se que a concessão da maioridade poderá ser feita extrajudicialmente, por instrumento público ou particular. A mesma interpretação pode ser dada aos arts. 89 a 94 da Lei dos Registros Públicos (Lei 6.015/73). Há nesse caso uma manifestação de vontade do detentor do pátrio poder, abrindo mão dele. A maioridade antecipada só pode ser, contudo, concedida a maior de 16 anos, ou seja, na idade de 16 a 18. Estamos aqui examinando o menor submetido ao poder familiar, ou seja, que tenha pai ou mãe, na falta de um o outro tem o poder total.

Examinemos entretanto a situação de um menor de 18 e maior de 16 anos, órfão de pai e mãe. Nesse caso, terá ele um tutor nomeado por decisão judicial e caberá a este a iniciativa de requerer a emancipação. Correrá o processo, nos termos do art. 1.112 do Código de Processo Civil e poderá ser concedida a antecipação da maioridade por decisão judicial, cessando assim a tutela ou curatela. Pelos dizeres do inciso, a emancipação poderá ser requerida pelo próprio menor, devendo então ser ouvido o tutor.

II — Outra forma de emancipação, é a da ocorrência do casamento. Fato é que menores de 18 anos são relativamente incapazes para o casamento, mas poderão casar-se com autorização de seu responsável. Desde que se casem, anteciparão a maioridade. Não se conceberia como possa um chefe de família ser relativamente incapaz. Responsabilizar-se-ia pelos seus filhos, mas não poderia responsabilizar-se por si próprio? O mesmo acontece com a mulher: assumirá os encargos do lar e dos filhos, mas será ainda dependente do pai. Para praticar atos da vida familiar precisaria da outorga paterna?

III — Indica o inciso III a nomeação do menor de 18 anos como funcionário público efetivo. Não especifica a lei se o exercício público seja na área federal, estadual ou municipal, o que nos leva a concluir que seja nas três áreas. Pressupõe-se que se o Estado investe alguém em funções públicas, assumindo responsabilidade por seus funcionários, é porque os considera capazes. Senão, chegaríamos à absurda situação de responderem os pais de um funcionário público por atos que o filho praticar no exercício de funções públicas. A capacidade civil atinge apenas os menores que sejam funcionários da administração direta, excluindo os da administração indireta, como as autarquias.

IV — Outra maneira de um menor antecipar a maioridade é colando grau científico em curso de ensino superior. Seria um contrasenso supor um "doutor" incapaz de praticar atos da vida civil sem autorização dos pais. Um advogado, por exemplo, se não tiver 18 anos completos, precisaria de autorização paterna para receber uma procuração "ad juditia". Parece-nos porém muito difícil alguém obter diploma ou certificado de curso superior antes dos 18 anos.

V — Finalmente, prevê o inciso V a emancipação pelo estabelecimento civil ou comercial, com economia própria. Trata-se de capacidade civil prevista pelas leis mercantis. É o caso do menor empresário. Como pode um empresário, embora menor de 18 anos, poder levantar empréstimos em bancos, comprar e vender mercadorias como máquinas, veículos, avalizar títulos de crédito e ser considerado menor incapaz? Entretanto, há precedente emancipação paterna para que o menor se integre como dirigente de uma empresa. Ao tornar-se empresário, entra ele como sócio de seu pai, o que equivale a uma autorização para o exercício de atividades empresariais.

4. DAS PESSOAS JURÍDICAS

4.1. Conceito e requisitos

4.2. As pessoas jurídicas de direito privado

4.3. Classificação das pessoas jurídicas

4.4. As associações

4.5. As sociedades

4.6. Da responsabilidade das pessoas jurídicas

4.7. Representação legal das pessoas jurídicas

4.8. Começo das pessoas jurídicas de direito privado

4.9. Extinção das pessoas jurídicas de direito privado

4.10. Destino dos bens da pessoa jurídica extinta

4.11. A associação perante o novo Código Civil

4.1. Conceito e requisitos

Temos falado até agora da pessoa natural, um indivíduo. Entretanto, várias pessoas naturais podem se agrupar para atingirem um objetivo comum a elas, formando então nova pessoa. Surge, por conseguinte, uma pessoa formada por diversas outras, mas distintas umas das outras. Essa nova pessoa terá então a personalidade que a lei lhe confere: é a pessoa jurídica. Vamos ressaltar que a pessoa jurídica tem personalidade distinta da personalidade de seus membros. Tem ela uma existência autônoma, um nome próprio, um patrimônio próprio. É sujeito de direitos.

As pessoas jurídicas já eram reconhecidas no direito romano, com o nome de pessoas morais. Era uma pessoa constituída por um conjunto de homens que visavam a um fim comum. A princípio, o direito romano apontou duas: as corporações e as fundações. Desde que formadas regularmente, adquiriam personalidade jurídica, podendo ser sujeito de direitos, distintas da personalidade jurídica dos indivíduos que a compunham. Era a personalização de um grupo social, constituindo esse grupo social uma individualidade. O Código Civil francês adota a designação romana de "pessoa moral". O Código Civil italiano, o alemão e o espanhol adotam a mesma designação que o nosso: "pessoa jurídica". Entretanto, no direito de todos esses países ambas as expressões são utilizadas pela doutrina.

Vários requisitos deve apresentar a pessoa jurídica para que se constitua numa unidade orgânica. Naturalmente, o primeiro requisito será a presença de duas ou mais pessoas; há um limite mínimo, mas não máximo de pessoas. Em segundo lugar, será necessário que essas pessoas tenham um escopo comum; todas devem visar ao mesmo objetivo. Nenhuma delas poderá reclamar da entidade personificada a satisfação de seu interesse individual, mas o de todos os membros dela. Há uma correlação entre a organização de pessoas e o objetivo comum: aquelas são vinculadas entre si por este objetivo. A organização de pessoas deve ser permanente, mas não as pessoas naturais que a compõem; seus membros se sucedem, sem que ela perca sua identidade.

Não há limites para os objetivos da pessoa jurídica: culturais, econômicos, beneficentes, sociais, esportivos, religiosos, educativos, morais, turísticos, sanitários. Implica porém que o objetivo não seja vedado pela lei, ou seja, é preciso o reconhecimento dela pelo ordenamento jurídico. É o caráter de liceidade da pessoa jurídica.

Poderá ela ter um ou vários objetivos, mas necessário se torna que eles sejam bem determinados. A eleição dos objetivos comuns faz com que haja entre os membros componentes da pessoa jurídica uma consciência grupal, fruto da vontade coletiva de seus membros. A criação de uma pessoa jurídica é assim ato de declaração unilateral de vontade de cada membro, formando porém uma vontade coletiva, uma conjugação de esforços.

Com a conjugação das declarações de vontade das pessas naturais que deverão compor a pessoa jurídica, ela se constitui por um ato jurídico. Deverá esse ato jurídico amoldar-se às exigências do art. 82, isto é, requer-se, para a validade do ato que constituir a pessoa jurídica, que seus criadores sejam juridicamente capazes, que seu objeto seja lícito e que se constitua na forma prescrita pela lei ou não por ela proibida. Será nula a formação de uma pessoa jurídica para manter jogos legalmente proibidos. Não poderá obter personalidade jurídica uma pessoa cujos componentes não possuam personalidade jurídica.

Um quarto requisito exigido para a formação de uma pessoa jurídica é a organização de meios. Terá ela um complexo de bens e de meios, ordenados com vistas ao fim escolhido pelo ente coletivo; é o patrimônio dela. Esse patrimônio pode ser atual ou potencial, mas sempre imprescindível para que possa ela atingir seu desiderato. Ainda que seja uma formação de pessoas, uma *universitas personarum*, como uma associação esportiva, a organização de meios torna-se necessária para o exercício de suas atividades.

Recapitulando resumidamente esses requisitos, pudemos notar que a pessoa jurídica é uma unidade social, formada por uma organização de pessoas e de meios idôneos, com o escopo de satisfazer o interesse coletivo e permanente das pessoas que a compõem. Esta unidade social deve ser reconhecida pelo ordenamento jurídico como sujeito de direitos e deveres jurídicos, que age e quer por meio de pessoas naturais. Tem ela vários requisitos, entre os quais se realçam os quatro principais já apontados: uma organização de pessoas, uma organização de bens e de meios, um interesse coletivo determinado e permanente, o reconhecimento pelo ordenamento jurídico.

4.2. As pessoas jurídicas de direito privado

São pessoas formadas por cidadãos, que conjugam esforços para lograr fins comuns a eles. Não são essas pessoas órgãos do governo e não servem exclusivamente aos interesses gerais da nação. Atendem normalmente a uma sociedade restrita de pessoas, às vezes numerosa, mas sempre uma parcela da coletividade, determinada ou indeterminada. Necessitam elas de registro num órgão público, o que não acontece com as pessoas jurídicas de direito público interno.

Há subdivisões entre essas pessoas, tendo como ampla ramificação as que perseguem fins econômicos e as que não possuem intentos lucrativos. Entre as que perseguem objetivos econômicos, ou seja, pretendam auferir lucros, estão as sociedades. Prevê o art. 44 que são pessoas jurídicas de direito privado as sociedades, as associações e as fundações. Faz assim divisão tripartida: sociedade, associação e fundação. Um sindicato é uma associação, mas como legislação posterior, a Consolidação das Leis do Trabalho cuida da regulamentação da atividade desses órgãos de classe; será preferível deixar seu estudo a cargo do direito especializado.

Exemplo também importante é o da Ordem dos Advogados do Brasil, criada e regulamentada pela Lei 4.215/63. Como também é um tipo de pessoa jurídica muito específica, tem sido tratada nas matérias de estágio profissional ou de prática forense. As bolsas de valores e mercadorias são também sociedades civis, tratadas entretanto pelo Direito Empresarial. As cooperativas têm estrutura e natureza jurídica peculiares.

4.3. Classificação das pessoas jurídicas

Inúmeras podem ser as pessoas jurídicas, inúmeras suas finalidades, seus tipos, os limites de sua abrangência e outros fatores delas. Por essa razão, existem vários grupos de pessoas jurídicas, podendo elas classificarem-se sob vários aspectos. São as pessoas jurídicas tratadas pelo nosso código, nos artigos 40 a 69. Logo no art. 44 surge uma classificação, que é a principal. Tendo muitas finalidades, podem ser elas mercantis, culturais, filantrópicas, esportivas, de lazer, beneficentes, patrióticas, políticas, religiosas, científicas e de várias outras finalidades. Não nos deteremos no estudo das sociedades, por constituírem elas o objeto de estudo do Direito Societário. Caso haja interesse nesse estudo, remetemos então esse assunto ao compêndio editado pela Ícone, denominado *Direito Societário*, de nossa autoria.

Diz o art. 40 que as pessoas jurídicas são de direito público interno, ou externo, e de direito privado. É a divisão ampla, em dois grandes grupos. Se o direito é dividido em dois grandes ramos, desde o Império

Romano, o público e o privado, as pessoas jurídicas dividem-se ao posicionar-se nesses dois ramos.

As pessoas jurídicas de direito público constituem agrupamentos de pessoas naturais em pessoas jurídicas amplas, com milhões ou milhares de pessoas naturais. Representam elas os interesses de nações. É o Estado, o governo, que, por sua vez, representa a coletividade. O estudo dessas pessoas pertence ao campo de direito público, como o Administrativo e o Constitucional. O Brasil, por exemplo, é uma pessoa jurídica de direito público; é a nação juridicamente organizada, constituindo uma unidade autônoma, devidamente personalizada. São as chamadas sociedades corporativas.

São tipos de pessoas jurídicas de direito público as autarquias e demais órgãos da administração pública. A finalidade delas é a satisfação dos interesses públicos. Diz o art. 41 que são pessoas jurídicas de direito público interno a União, cada um dos seus Estados, o Distrito Federal e os Territórios, e cada um dos municípios legalmente constituídos. Contudo, essas mesmas pessoas comportam divisões em várias escalas. A União tem vários ministérios, constituindo pessoas jurídicas dentro da União. A Lei Orgânica dos Partidos Políticos considera como pessoas jurídicas de direito público interno os partidos políticos. Por outro lado, o Decreto-lei 900/69 considera como pessoa jurídica de direito privado as estatais: as empresas públicas e as sociedades de economia mista.

Fala porém o art. 41 que as pessoas jurídicas podem ser de direito público interno ou externo. No plano internacional é a União, que constitui o Estado. O Brasil é assim um Estado soberano e sujeito de direitos perante o concerto dos outros Estados. É a pessoa jurídica de direito público externo. Assume compromissos perante outros países e muitas vezes exige direitos perante a comunidade internacional. Seu representante legal perante outros países é o Presidente da República. Modernamente, não apenas países são pessoas jurídicas de direito público externo, mas também algumas organizações formadas por países. É o caso do Mercosul, da ALADI, da ONU, da OEA, da Cruz Vermelha Internacional, da Organização Mundial de Saúde, FMI, Banco Mundial, Comitê Olímpico Internacional, OIT — Organização Internacional do Trabalho, INTERPOL — Organização Internacional de Polícia Criminal. O Brasil é uma das pessoas jurídicas individuais que integram essas pessoas jurídicas de direito público; tem direitos e obrigações perante elas.

4.4. As associações

A associação destina-se a prestar serviços e não a dar lucros. O associado não investe dinheiro na associação, mas paga pelo serviço que ela presta. Por exemplo, um clube de esportes. Mantém ele piscinas e instalações esportivas de que os associados poderão desfrutar, e para tanto pagam eles uma taxa de manutenção de serviços. O dinheiro que o associado paga à associação não retorna a ele, pois foi o custo pelo aproveitamento do clube. Caso o clube se dissolva, o patrimônio não reverterá em benefício do associado.

Vê-se então que há muitas diferenças entre a sociedade e a associação, entre o sócio e o associado. A sociedade proporciona lucros, a associação serviços. O sócio investe dinheiro na sociedade e poderá tê-lo de volta em certas ocasiões; o associado paga taxa de manutenção de serviços, que não tem retorno ao seu bolso. Em caso de dissolução, o patrimônio da sociedade será rateado entre os sócios; já o patrimônio de uma associação terá outro destino, mas não será rateado entre os associados. A sociedade pode ser constituída de dois ou mais sócios, mas geralmente em número reduzido; a associação é formada normalmente por centenas ou milhares de associados. A sociedade tem fins econômicos; a associação tem fins recreativos, esportivos, culturais, humanitários, mas sem intuito lucrativo.

Um exemplo real acontecido em São Paulo poderá nos ajudar na compreensão do problema. Um grupo de pessoas desejava criar uma instituição que pudesse proporcionar atividades para seus membros. Decidiram então criar duas entidades: uma sociedade e uma associação. A sociedade foi formada com aportes financeiros dos sócios. Um dos sócios concorreu com o terreno onde seria construída a sede, outro com o projeto do edifício, outros com materiais de construção; a maioria dos sócios contribuiu com dinheiro para a formação do capital. Foi construída a sede, principal bem da sociedade. Os sócios são donos da sociedade e quando quiserem deixá-la, receberão de volta os valores com que contribuíram. Se os sócios quiserem suspender as atividades da sociedade, poderão fazê-lo em assembléia geral. Se quiserem vender a sede, receberão o valor da venda proporcionalmente ao capital que investiram.

Contudo, os sócios não poderão desfrutar dos serviços que proporcionarem as instalações. Foi criada a associação com o mesmo nome da sociedade, destinada a promover as atividades recreativas, sociais, artísticas e culturais do grupo. A associação inscreve associados vários, inclusive os próprios sócios. O interesse dos associados é o de participar dos serviços que a associação oferece. A associação paga um pequeno aluguel à sociedade, pela ocupação do imóvel, mas não se confundem as duas pessoas jurídicas, como ainda não se confundem os sócios com os associados.

Um exemplo sugestivo de associação nos é dado pelo Decreto-lei 70/66: é o da associação de poupança e empréstimo. Diz a lei que as associações de poupança e empréstimo constituir-se-ão obrigatoriamente sob a forma de sociedades civis. Os associados contribuem com pagamentos em dinheiro, formando uma poupança, que será aplicada na aquisição de casa própria pelos próprios associados. Embora o Decreto-lei 70/66 fale, às vezes, em sociedade e a ela se aplique o que dispõe o Código Civil, sobre o contrato de sociedade, trata-se mesmo de associação, como é legalmente denominada. Os associados recolhem a ela o dinheiro, para que ela lhes conceda empréstimos para a aquisição da casa própria; trata-se assim, a associação, de uma prestadora de serviços aos próprios associados.

4.5. As sociedades

A sociedade é a pessoa jurídica formada por duas ou mais pessoas naturais, estruturada de acordo com a lei e registrada nos órgãos competentes, visando a um determinado fim colimado pelos seus membros, com intenção de desfrutar os lucros que ela produzir. Esse último aspecto é o que mais caracteriza a sociedade; os sócios contribuem com seus esforços e recursos, mas com o objetivo de partilhar os proveitos que a sociedade produzir. É o caso de uma cooperativa; os cooperados entram com dinheiro para formar o capital, mas esse dinheiro pertence a eles e deverá lhes ser devolvido ao final da cooperativa. Enquanto isso, esperam os cooperados obter vantagens, no abatimento de preços.

As pessoas jurídicas têm existência distinta da dos seus membros. A sociedade tem personalidade própria, é uma entidade autônoma; os sócios que a compõem têm uma personalidade distinta. Cada um tem patrimônio peculiar e não se comunica um com o outro, isto é, um sócio não se responsabiliza pelas obrigações da sociedade, nem ela pelas obrigações pessoais de seus sócios.

Não se poderão constituir, sem prévia autorização de órgão público competente, determinados tipos de sociedade, como os montepios, as caixas econômicas e as empresas de seguros. Tais exigências seriam escusadas, porquanto as sociedades de seguros são empresas mercantis e as caixas econômicas empresas públicas. Todavia, a maioria das sociedades civis necessitam de autorização pública para funcionar — pelo menos, do cartório de registro de pessoas jurídicas. As sociedades imobiliárias, por exemplo, necessitam de vários registros. Toda sociedade estrangeira só poderá exercer qualquer atividade no Brasil mediante autorização especial. Se tiverem de funcionar no Distrito Federal, ou em mais de um Estado, ou em territórios não constituídos em Estados, a autorização será do Governo Federal; se em um só Estado, do Governo deste.

Se uma sociedade não estiver registrada nos órgãos competentes, não tem autorização para funcionar. Falta-lhe ainda personalidade jurídica, não sendo pois sujeito de direitos. Não pode requerer em juízo nem poderá acionar seus membros. Todavia, se não pode ser sujeito de direitos pode ser objeto de direitos e obrigações. Poderá ser processada por atos que praticar e seus sócios poderão ser solidariamente responsáveis pelos atos dela.

Far-se-á o registro das sociedades civis no Cartório de Registro Civil de Pessoas Jurídicas, consoante o previsto nos arts. 114 a 121 da Lei dos Registros Públicos (Lei 6.015/73). Não poderão ser registrados os atos constitutivos de pessoas jurídicas, quando o seu objetivo ou circunstâncias relevantes indiquem destino ou atividades ilícitas, ou contrários, nocivos ou perigosos ao bem público, à segurança do Estado e da coletividade, à ordem pública ou social, à moral e aos bons costumes (Art. 115 da Lei dos Registros Públicos).

4.6. Da responsabilidade das pessoas jurídicas

Não oferece problemas especiais a responsabilidade civil das pessoas jurídicas de direito privado. São elas pessoas com a personalidade análoga à das pessoas naturais. Têm elas capacidade jurídica para adquirir direitos, da mesma forma que poderão contrair obrigações. Deverão responder, portanto, pelas obrigações que contraírem ou pelos atos que tenham causado prejuízos a outrem. Não prevê nosso código a responsabilidade civil para esse tipo de pessoa jurídica, pois se aplicam a ela as normas gerais do direito obrigacional. A pessoa jurídica pratica atos por seus prepostos e poderá responsabilizá-los caso exorbitem no cumprimento de suas obrigações. Entretanto, perante terceiros, é ela que responderá por atos que praticar, embora por intermédio de seus prepostos.

No que concerne à pessoa jurídica de direito público, diferente é a posição da lei, que estabelece a responsabilidade civil do Estado, por atos praticados em seu nome, por quem estiver na posição de seus agentes. A primeira disposição legal de nosso interesse nesse sentido nô-la dá o art. 43 do Código Civil: as pessoas jurídicas de direito público são civilmente responsáveis por atos dos seus representantes que nessa qualidade causem danos a terceiros, procedendo de modo contrário ao direito ou faltando a dever prescrito por lei, salvo o direito de regresso contra os causadores do dano.

A pessoa jurídica, como é o caso do Estado, não tem vontade nem ação próprias, mas age por intermédio de pessoas naturais, revestidas de poder legal, sendo pois agentes e prepostos do Poder Público. A posição delas é análoga à dos empresários na direção das empresas. Se elas agem mal ou erradamente, causando prejuízos a outrem, por conta do Estado, fica na responsabilidade deste reparar os danos causados.

4.7. Representação legal das pessoas jurídicas

As pessoas jurídicas serão representadas, ativa e passivamente, nos atos judiciais e extrajudiciais, por quem os respectivos estatutos designarem ou, não o designando, pelos seus diretores. A pessoa jurídica é um ente ideal, imaterial, e sem ação própria. Suas atividades se desenvolvem por intermédio de pessoas naturais que a representam de acordo com a lei ou seu estatuto. Essas pessoas são chamadas de "representantes legais". São elas investidas na representação legal de formas diversas, de acordo com o tipo de pessoa jurídica.

Uma associação deverá ter um estatuto devidamente aprovado por seus componentes e registrado nos órgãos competentes. No estatuto deverá estar indicado qual a pessoa que estará legalmente habilitada a representá-la e qual a duração de seu mandato. A ata da assembléia que eleger o representante legal comprovará qual é a pessoa habilitada. O mesmo ocorre com a sociedade, mas esta, em vez de estatuto, terá um contrato social. Nesse ato constitutivo, constará quem será o mandatário da empresa. É possível que sejam várias pessoas, que individualmente ou em conjunto representem externamente a pessoa jurídica.

4.8. Começo das pessoas jurídicas de direito privado

Como toda pessoa, essa figura tem um início e um fim; nenhuma é eterna. Começa a existência legal das pessoas jurídicas de direito privado com a inscrição dos seus contratos, atos constitutivos, estatutos ou compromissos no seu registro peculiar, regulado por lei especial, ou com a autorização ou aprovação do Governo, quando precisa. Serão averbadas no registro as alterações que esses atos sofrerem.

Por essa forma, o nascimento jurídico de uma pessoa jurídica dá-se com o registro de seus atos constitutivos no Cartório de Registro Civil de Pessoas Jurídicas, conforme regulamenta a Lei dos Registros Públicos (Lei 6.015/73). Recebe ela a certidão de registro, que equivale à certidão de nascimento de uma pessoa natural. Só que a pessoa natural começa a existir antes do registro e a pessoa jurídica só após. Com o registro, adquire ela personalidade jurídica, podendo ser sujeito de direitos. A certidão de nascimento da pessoa natural é um ato probatório; a certidão de registro da pessoa jurídica é um ato constitutivo. Algumas pessoas jurídicas dependem de autorização especial, antes de se registrarem. É o caso de uma sociedade estrangeira, de uma cooperativa, de uma universidade.

Nota-se que existe uma pessoa jurídica de fato, que, ao registrar-se, transforma-se em pessoa jurídica de direito. Desta maneira, o registro dá à pessoa jurídica uma existência de direito, já que antes era de fato. Enquanto for uma pessoa jurídica de fato, não tem ela personalidade jurídica e, portanto, não é sujeito de direitos. Não poderá reclamar na justiça nenhum direito, pois não os tem. Será portanto objeto de direito; responderá por atos que praticar e nessa responsabilidade situam-se as pessoas naturais que tenham praticado atos em nome da pessoa jurídica de que fazem parte.

O registro das pessoas jurídicas é processado na forma da lei, como prescrito pelo art. 19 do Código Civil e devidamente regulamentado pela lei específica, a Lei dos Registros Públicos (Lei 6.015/73). Diz o art. 19 desse diploma legal que o registro deverá conter a denominação, os fins e a sede da associação ou fundação; o modo por que se administra e representa, ativa e passivamente, judicial e extrajudicialmente; se os estatutos, o contrato ou compromisso são reformáveis no tocante à administração e de que modo; se os membros respondem, ou não, subsidiariamente pelas obrigações sociais; as condições de extinção da pessoa jurídica e o destino do seu patrimônio nesse caso.

Algumas pessoas jurídicas, porém, para que possam nascer ou, mais precisamente, ser registradas no Cartório de Registro Civil de Pessoas Jurídicas, deverão atender a outros requisitos peculiares ao tipo em que se classificam. Uma instituição financeira necessitará de autorização especial de um órgão específico, nesse caso o Banco Central. Estabelece o parágrafo 1º do art. 20 que não se poderão constituir, sem prévia autorização, as sociedades, as agências ou os estabelecimentos de seguros, montepio e caixas econômicas, salvo as cooperativas e os sindicatos profissionais e agrícolas, legalmente organizados. As empresas de seguros têm como órgão de registro e autorização a SUSEP— Superintendência de Seguros Privados. A Lei 4.215/63, que estabeleceu o estatuto da Ordem dos Advogados do Brasil, regulamenta, nos arts. 77 a 81, a sociedade de advogados. O art. 78 dispõe que esse tipo de sociedade deva ser registrado na seção estadual da OAB em que os sócios estejam inscritos. Uma sociedade estrangeira não poderá atuar no Brasil sem autorização especial.

Essa intervenção do Estado se exerce nas transformações da pessoa jurídica registrada. Pode ela sofrer mutações, mais ou menos profundas, sem que as relações dela sejam interrompidas ou cesse sua personalidade e capacidade. As modificações, entretanto, não poderão contar apenas com a vontade de seus componentes. Deverão contar, também, com a vontade estatal, da mesma forma como se exige para o nascimento e o fim da pessoa jurídica, expressa por novas certidões.

4.9. Extinção das pessoas jurídicas de direito privado

Todas as coisas terrenas têm um início e um fim. Tudo que nasce morre; nada é eterno. Se a pessoa jurídica tem o início, um dia terá o fim. O próprio direito é efêmero e morre com a morte de seu titular e, quando não ocorrer assim, extinguir-se-á posteriormente. Não é fácil extinguir uma pessoa jurídica, pois a extinção é problema agravado pela destinação do patrimônio do ente extinto.

A pessoa jurídica extingue-se, primeiramente, pela sua dissolução, deliberada entre os seus membros, salvo o direito da minoria e de terceiros. Se um grupo de pessoas naturais, por sua vontade e iniciativa, decidem constituir uma pessoa jurídica, terão elas a mesma vontade e iniciativa para dissolvê-la. Por isso, a lei prevê a maneira de dissolução. Poderão os membros julgarem desnecessária a manutenção da entidade social ou reconhecerem a falta de algum requisito essencial, como a pluralidade de pessoas, ficando reduzida a uma só, ou o objetivo tornar-se impossível de ser atingido, como o caso de partidos políticos em 1964, dissolvidos por um golpe militar, quando foram proibidas as atividades políticas. É possível que o estatuto de uma pessoa jurídica preveja um prazo de funcionamento, vencido o qual deva ela dissolver-se. Tratando-se de sociedade, essa extinção é chamada de distrato.

A segunda razão pela qual se dissolve uma pessoa jurídica é em decorrência da lei. Para as associações, o código não estabelece os aspectos em que a lei impõe o seu término, mas algumas leis esparsas dispõem a este respeito. Para as sociedades, a lei estabelece várias hipóteses em que uma sociedade civil deva ser dissolvida. Uma delas é o caso em que haja um único e determinado objetivo e este for atingido; implementou-se, pois, uma condição. Satisfeita a condição, inexiste motivo para a manutenção da pessoa jurídica, que ficou sem objetivo. Outra condição é o prazo de duração estabelecido no ato constitutivo; vencido esse prazo, a sociedade fica dissolvida. Dissolve-se ainda legalmente uma sociedade, ou outro tipo de pessoa jurídica, se for verificada a ausência de meios para sua sobrevivência ou para a consecução de seu objetivo, como por exemplo a corrosão de seu capital ou tornar-se inexequível o objetivo.

Abrange essa disposição igualmente a decisão judicial; se a justiça dissolver uma pessoa jurídica é porque a lei a ampara. Por exemplo: a Lei 7.170/83 dá fundamento à justiça para suspender ou dissolver as sociedades de fins contrários, perigosos ou nocivos ao bem público, à segurança do Estado e da coletividade, à ordem pública, à moral e aos bons costumes. O Decreto-lei 41/66 prevê a dissolução de organizações de fins assistenciais, mantidas por contribuições populares, que não desempenhem as atividades a que se destinam.

O Código prevê a dissolução de uma pessoa jurídica civil em virtude de ato do governo, que lhe casse a autorização para funcionar, quando incorra ela em atos opostos aos seus fins ou nocivos ao bem público. Dá-se a revogação do reconhecimento estatal e, se é o ato de reconhecimento que dá a personalidade, a manifestação da vontade estatal retirando o reconhecimento cancela a personalidade. Nos casos em que o reconhecimento se dá com o registro, a extinção se verifica com o cancelamento da inscrição por parte da autoridade competente. Esse tipo de extinção é também chamado de supressão, porque suprime, elimina um elemento extrínseco da pessoa jurídica, quer dizer, um ato externo corta o ato também externo do registro.

4.10. Destino dos bens da pessoa jurídica extinta

O art. 51 fala em dissolução da pessoa jurídica, mas não em extinção. Implica a extinção o destino dos bens, pois não poderia uma pessoa inexistente possuir um patrimônio. Ela continuará existindo, nem que seja apenas para liquidar seus bens. Vê-se então que se dá a extinção de uma pessoa em duas fases: a dissolução e a liquidação. Processa-se da mesma forma que a extinção das sociedades mercantis, preconizada pelo Código Civil. Entretanto, há forma diferente de destino do patrimônio de uma pessoa jurídica, consoante tenha ela ou não intuitos econômicos.

Se a pessoa dissolvida for uma associação, isto é, uma entidade sem fins lucrativos, destinada apenas a prestar serviços aos associados, o destino dos bens está previsto no art. 51. Extinguindo-se uma associação de intuitos não econômicos, cujo estatuto não disponha quanto ao destino ulterior dos bens, e não tendo os associados adotado a tal respeito deliberação eficaz, o patrimônio será destinado a um estabelecimento municipal, estadual ou federal, de fins idênticos ou semelhantes.

Por esta forma, se uma associação for dissolvida, o patrimônio terá o destino que o estatuto lhe prever. Caso seja omisso o estatuto, a assembléia que decidir pela dissolução dela decidirá também o que fazer com referência ao patrimônio. Não decidindo a assembléia dos associados, de maneira a não comportar dúvidas, o patrimônio será destinado ao Poder Público, que o aplicará em favor de uma entidade pública de fins idênticos, podendo ser municipal, estadual ou federal. Não havendo no município ou no Estado, no Distrito Federal ou no Território ainda não constituído em Estado, em que a associação teve sua sede, estabelecimento nas condições indicadas, o patrimônio será destinado à Fazenda do Estado, à do Distrito Federal, ou à União.

4.11. A associação perante o novo Código Civil

Aspectos conceituais

A associação ficou organizada de forma mais clara pelo novo Código Civil, distinguindo-se da sociedade e adquirindo as características básicas. Ela é constituída pela união de pessoas que se organizam para fins não econômicos. Eis o traço primordial da associação; não tem intento econômico, não exerce atividades empresariais, não persegue lucros como a sociedade. Surgiu o Código Civil numa época em que estava acirrada a discussão quanto aos clubes de futebol; serão eles associações ou sociedades? Perseguem lucros ou não? Várias leis estão surgindo, seguindo-se a revogação.

A associação está regida pelo estatuto e não por contrato. O contrato é um acordo de vontades, celebrado e assinado pelas partes, estabelecendo direitos e deveres recíprocos entre elas. Na associação não há direitos de um associado contra o outro, nem deveres jurídicos de um para com o outro; todos estes têm direitos e deveres perante a associação. Os direitos e deveres dos associados ante a associação deverão ser previstos no estatuto, que também estabelecerá os requisitos para a admissão, demissão e exclusão dos associados.

Vamos abrir um parêntese para ressaltar que na associação não existe sócio, mas associado; existe estatuto e não estatutos, já que há um só.

A qualidade de associado é intransmissível, se o estatuto não dispuser o contrário (art. 56). A morte do associado não transfere seus direitos a seus sucessores, podendo estes, se quiserem, pedir ingresso como associados, mas não é substituição nem sucessão.

Os associados devem ter iguais direitos, mas o estatuto poderá instituir categorias, com vantagens especiais (art. 55). É o caso do sócio remido, dispensado do pagamento da taxa de manutenção, desde que tenha já pago determinado número de meses ou anos. Poderá ser associado benemérito, se tiver prestado relevantes serviços à associação e possuir determinados direitos, desde que descrita no estatuto.

Se o associado for titular de quota ou fração ideal do patrimônio da associação, a transferência daquela não importará, de per si, na atribuição da qualidade de associado ao adquirente ou ao herdeiro, salvo disposição diversa do estatuto. Grande parte das associações, para se constituírem ou formarem o patrimônio necessário para o desenvolvimento de suas operações, venderam quotas de seu patrimônio.

Essas quotas dão direito ao seu titular de tornar-se associado. A maioria dessas associações só admitem no quadro associativo quem for possuidor do título patrimonial. Se quiser excluir-se do quadro associativo, poderá fazê-lo sem abrir mão de sua quota, que poderá ser conservada ou transferida a outrem a título gratuito ou oneroso.

Exclusão de associado

A exclusão de associado só é admissível havendo "justa causa", obedecido o disposto no estatuto. Sendo este omisso, poderá também ocorrer se for reconhecida a existência de motivos graves, em deliberação fundamentada, pela maioria absoluta dos presentes à assembléia geral especialmente convocada para esse fim. É possível porém a suspensão temporária do associado até que seja julgado pela assembléia geral.

Não existem parâmetros legais para os atos que possam constituir "justa causa", ou "motivos graves". O estatuto porém deverá conter os direitos e deveres dos associados e transgressão a esses deveres poderá constituir atos passíveis de eliminação do associado. Poderá ainda o estatuto considerar atos consideráveis, referindo-se a "qualquer ato que for considerado passível de 'justa causa' por comissão constituída para promover inquérito". Os requisitos para a exclusão devem estar previstos no estatuto sob pena de ser este considerado nulo.

A assembléia geral para exclusão de associado deverá ser especialmente convocada para esse fim. O estatuto poderá dar competência a outro órgão para proceder à exclusão de associado, mas caberá ao excluído o direito de recorrer à assembléia geral contra a sua exclusão.

Nenhum associado poderá ser impedido de exercer direito ou função que lhe tenha sido legitimamente conferido, a não ser nos casos e na forma previstos na lei ou no estatuto. Será o caso do associado suspenso preventivamente até ser julgado, ou então o que deixar de pagar a taxa de manutenção durante determinado período.

Órgãos diretivos da associação

Pode a associação adotar diversos órgãos diretivos, prevendo-os no estatuto. Esses órgãos, pelo que se nota na maioria das grandes associações, são normalmente a Assembléia Geral, o Conselho Deliberativo, o Conselho de Orientação, o Conselho Fiscal e a Diretoria.

Assembléia Geral

Legalmente, o órgão exigível é a Assembléia Geral, órgão de poder máximo, formado pela massa dos associados, por todos os componentes da associação. Só à Assembléia Geral compete eleger ou destituir os administradores da associação, aprovar as contas da diretoria e alterar o estatuto. Outras atribuições poderão caber a ela, conforme seja previsto no estatuto.

O estatuto deverá prever a forma de convocação da assembléia geral, garantindo a um quinto dos associados o direito de promovê-la. Para casos mais sérios, ou seja, a destituição de administradores e a reforma do estatuto, é exigido o voto concorde de dois terços dos associados presentes à AG, especialmente convocada para esse fim, não podendo ela deliberar, em primeira convocação, sem a maioria absoluta dos associados, ou com menos de um terço nas convocações seguintes.

Esmiuçando melhor esta questão, veremos que o sistema de votação, com o critério de maioria, deve ser previsto no estatuto. Excetuam-se os dois casos retrocitados, ou seja, a destituição de administradores e a reforma do estatuto; nestes casos, o código prevê várias formalidades peculiares.

Nesses dois casos, a AG deve ser convocada especialmente para deliberar sobre eles; é portanto assembléia geral extraordinária. O critério de votação, por outro lado, também é previsto em lei; a maioria deve ser no mínimo de dois terços dos associados presentes à AGE. Se a votação for feita na primeira convocação, deverá ser com a maioria absoluta dos associados. Se for na segunda ou outras posteriores, deverá contar com um terço deles, no mínimo. Por exemplo: se houver 500 associados votantes, vencerá a decisão que tiver 251 votos, vale dizer, a metade e mais um. É mais difícil de ser obtida se houver mais de duas opções, mas nos dois casos apontados deve a mesa da assembléia apresentar só duas opções: sim ou não.

Afora esses dois casos, em que a lei exige maioria absoluta, outras resoluções podem ser previstas, devendo constar do estatuto, podendo ser absoluta, relativa ou qualitativa. A maioria relativa deve ser adotada quando houver várias opções, como por exemplo, a votação para presidente se houver quatro candidatos: vencerá quem tiver maior número de votos relativamente aos outros. Basta a superioridade do resultado, não importando se atingiu mais da metade dos votos.

Causou alvoroço entre as principais associações do país o disposto no art. 59, referente à competência da Assembléia Geral, quando diz que compete privativamente a ela eleger e destituir os administradores. Acharam muitos que o presidente e os diretores deveriam ser então eleitos diretamente pela AG dos associados. Não é isso porém que quer dizer o código. O presidente, os conselheiros, os diretores, os membros do conselho fiscal, são todos administradores; são dirigentes da associação.

Os diretores e o presidente da asssociação podem ser eleitos diretamente pelos associados em Assembléia Geral. É o que acontece normalmente com as pequenas associações. Poderão os diretores, porém, ser eleitos indiretamente pelos associados; estes elegem um conselho deliberativo e os membros desse conselho elegem o presidente e os diretores. De qualquer forma, é a AG que elege os diretores, ainda que indiretamente.

Por outro lado, poderá ser eleita toda a diretoria numa chapa, ou então, será eleito o presidente da associação e este escolhe os demais diretores. Todos esses critérios deverão contudo ser previstos no estatuto da associação, que determinará o sistema a ser adotado.

É o que acontece também com os membros do Conselho de Orientação e do Conselho Fiscal. Poderão eles ser eleitos diretamente pelos associados em Assembléia Geral, ou então estes elegem os membros do Conselho Deliberativo e estes elegem os demais.

Aliás, diz ainda o art. 59, nos incisos III e IV, que compete privativamente à AG aprovar as contas e alterar o estatuto. Conforme constar do estatuto, a aprovação das contas e a alteração dele também poderão ser feitas indiretamente ou diretamente. Em última instância, a AG é sempre órgão soberano.

Conselho deliberativo

Afora a AG, órgão por lei obrigatório, outro órgão importante se nota em quase todas as associações: o Conselho Deliberativo. Seus membros, os conselheiros, são eleitos pelos associados, em AG, especialmente convocada para esse fim. A competência do CD deve ser estabelecida no estatuto, devendo ser os conselheiros os porta-vozes dos associados; estes se manifestam muitas vezes por intermédio de seu CD. Poderá o CD eliminar um de seus membros, mas este poderá recorrer à AG, já que é eleito por ela. Aprova as contas da Diretoria; elege os membros do Conselho de Orientação e do Conselho Fiscal, bem como o presidente e outros diretores, conforme dispuser o estatuto.

Conselho de Orientação

É órgão de menor número de membros, eleitos pelo Conselho Deliberativo, número esse previsto pelo estatuto. O perfil do orientador é diferente do conselheiro; deve ser mais eqüidistante das operações associativas. Não deve ser muito ligado à administração, embora seja um administrador. Sua função será mais a de fazer análise mais serena dos problemas mais sérios e fora da rotina normal, dando parecer a ser examinado pelo Conselho Deliberativo e depois pela AG. Há algum paralelismo entre os órgãos da associação e os da S/A. A AG da associação corresponde mais ou menos à assembléia geral da S/A; O Conselho Deliberativo corresponde ao Conselho de Administração da S/A. O Conselho Fiscal das duas entidades tem funções bem semelhantes. Há muita analogia entre a Diretoria de uma e de outra.

Diretoria

É o órgão da ação; seria como na empresa o órgão "de linha", enquanto os outros órgãos de "staff". Exerce funções de natureza gerencial, impulsionando as atividades. O perfil do diretor é o de homem de luta, que vive no calor das atividades associativas; por isso contrapõe-se ao membro do CO. Cada setor da associação é normalmente chefiado por um diretor, sendo os principais o tesoureiro, o secretário, o diretor de patrimônio, o diretor administrativo, o diretor social.

Consta de uma história, que George Washington um dia no senado norte-americano em que se encontravam alguns ministros em discussão de problemas dos quais não se encontrava solução, ao tomar café derramava a bebida no pires e o tomava no próprio pires. Indagado por que fazia aquilo, explicou que o café é muito quente, mas enquanto passava para o pires para depois ser tomado esfriava.

Assim justificou o notável estadista americano do norte a razão do desentendimento entre ministros e senadores: o ministro é homem de luta e normalmente é esquentado pelo calor das atividades políticas, enquanto o senador é mais sereno, por estar longe dos embates e das discussões. É a analogia entre o senador e o membro do CO, entre o diretor e o ministro.

Há alguns juristas defensores da divisão e independência entre os diversos órgãos da associação, a exemplo de como ocorre na S/A.; o membro do CD não deveria ser membro da Diretoria nem do CO, nem do CF, pois o perfil e a mentalidade de cada um é diferente. Além disso, haveria conflito de posições, porquanto os membros do CD e do CO examinam as contas da Diretoria, podendo aprová-las ou rejeitá-las. Destarte, a mesma pessoa examina e aprova suas contas. Não haveria lógica os membros da Diretoria apresentarem as contas de sua administração e depois deliberarem, como conselheiros ou orientadores, se irão aprová-las ou rejeitá-las.

Na própria Diretoria há órgão especial que é o presidente da associação. Alguns acham que a presidência seja órgão à parte e não cargo da Diretoria; outros pensam que o presidente seja um componente da Diretoria. Realmente há alguns pontos discriminativos: o presidente é eleito diretamente pelo CD e indiretamente pela AG, já que o CD fala pelos associados.

Há algumas associações em que a Diretoria é eleita por chapa, isto é, toda a Diretoria é eleita pela AG. Há muitas opiniões contrárias a essa prática, embora a lei não a proíba. Os diretores devem ser pessoas de confiança do presidente e por isso devem ser nomeados por ele, que terá também a competência de destituí-lo.

Conselho Fiscal

O nome dá a entender tratar-se do órgão técnico. Examina as contas apresentadas pela Diretoria, analisa o balanço levantado, examina os lançamentos contábeis. Elabora relatório sobre as demonstrações financeiras, apresentando-o ao CD ou ao CO. O perfil do membro do CF é diferente dos demais; deve ser alguém familiarizado com a contabilidade, finanças, administração de empresas. São eleitos pelo CD entre os associados. Para estudo mais aprofundado dessa questão, será conveniente consulta ao nosso compêndio de Direito Societário, publicado por esta mesma editora, no exame dos órgãos administradores da S/A, que, como já referido, apresenta paralelismo com os da associação.

Dissolução e extinção

O epílogo da associação segue as normas gerais de dissolução e liquidação das pessoas jurídicas. Começa com a dissolução e termina com a liquidação. O problema oferecido é quanto ao destino a ser dado ao patrimônio da associação dissolvida. Fizemos referência a associados portadores de quota ou fração ideal do patrimônio, chamada comumente de "título patrimonial". Terão eles o direito de recuperar o investimento feito nesse título patrimonial. O restante será destinado a outra entidade de fins não econômicos e de objetivos iguais ou semelhantes ao da associação liquidanda.

Se não existir no município alguma entidade em condições de receber esse patrimônio, será ele destinado ao Poder Público. Poderá ainda haver previsão estatutária sobre o destino do patrimônio da associação, desde que previsto no estatuto, a restituição proporcional aos próprios associados, já que foram eles os formadores dele.

5. DA FUNDAÇÃO

5.1. Conceito e espécies

5.2. Criação das fundações

5.3. O estatuto

5.4. Extinção das fundações

5.1. Conceito e espécies

Examinamos até agora dois tipos de pessoas jurídicas: as associações e as sociedades. São elas formadas de pessoas físicas ou jurídicas que as criam no interesse de seus criadores. Vejamos agora um tipo diferente de pessoa jurídica, que se rege por normas e critérios próprios. É a fundação, instituída por liberalidade de uma pessoa física ou jurídica, com objetivos de utilidade pública ou benemérita, ou seja, para prestar serviços a outras pessoas.

As fundações são de direito público e de direito privado, isto é, podem ser criadas por uma norma do poder executivo ou instituídas por uma pessoa natural ou jurídica de natureza privada. A fundação é, entretanto, uma pessoa jurídica. Diferente da sociedade e da associação, a fundação caracteriza-se mais pelo seu aspecto patrimonial. Podemos dizer que ela começa com um patrimônio afetado a um fim; é, então, a personalização do patrimônio. Duas características identificam uma fundação: o patrimônio e o objetivo a que ele está destinado.

Bem diferente é a fundação da sociedade e da associação. Essas duas são uma *universitas personarum*, ou seja, um agrupamento de pessoas, que se personaliza, adquirindo personalidade própria e patrimônio próprio, distintos da personalidade de seus membros (*societas distat a singulis*). A fundação é uma *universitas rerum*, vale dizer, um conjunto de bens que se personaliza.

Essas considerações não significam que a sociedade e a associação prescindam do patrimônio, nem que a fundação despreze as pessoas. Existe porém um grau de importância diferente entre esses elementos. A participação das pessoas que dirigem a fundação e os seus beneficiários é de pequena monta; elas não concorrem para formá-la nem decidem a sua extinção. Não é o que acontece na sociedade e na associação; são as pessoas quem as constituem e quem deliberam extingui-la. Elas se personalizam com o agrupamento de pessoas.

Como *universitas personarum*, as associações e as sociedades se auto-administram, pois o interesse é dos seus membros, mantendo-se o Poder Público à margem de sua administração. O mesmo não se dá com a fundação. Sendo ela uma *universitas bonorum,* um conjunto de bens destinados a prestar serviços à coletividade externa e não às pessoas que dela fazem parte, o Poder Público intervém diretamente na sua administração. Essa participação oficial é feita pelo Ministério Público. Em São Paulo há um órgão específico para esse mister, denominado "Curadoria das Fundações". Assim, por exemplo, se a fundação não tiver estatuto elaborado, o Ministério Público intervirá, propondo um estatuto ao juiz ou requerendo a elaboração dele. O estatuto só será registrado com a aprovação do Ministério Público.

5.2. Criação das fundações

É possível a uma só pessoa criar uma fundação, o que não ocorre com a sociedade e a associação. Para criar uma fundação, far-lhe-á o seu instituidor, por escritura pública ou testamento, dotação especial de bens livres, especificando o fim a que se destina, e declarando, se quiser, a maneira de administrá-la (art. 24). Vemos pois que as normas que regem as fundações são bem diferentes dos outros tipos de pessoas jurídicas. Deve ser constituída por testamento feito por seu instituidor, designação que é dada ao seu fundador, seu criador. Idêntica disposição se observa no art. 14 do Código Civil italiano.

Um requisito importante é o ato de dotação de bens, que deverão ser livres de qualquer gravame. Em comparação com a sociedade, há alguma semelhança: o criador da fundação destina-lhe os bens que formarão o patrimônio dela; os sócios destinam dinheiro que formará o capital da sociedade. A especificação do fim a que se destina a fundação tem analogia com o objeto social da sociedade. É facultado ao instituidor da fundação, o seu criador, estabelecer a forma de administração a ser adotada por ela.

Os fins a que se destina a fundação podem ser muito variados. Muitas escolas de vários níveis, principalmente universidades, são mantidas por fundações. Outras têm fins econômicos; várias empresas mercantis, como a Cia. Antarctica e a VARIG, têm como principal acionista fundação de funcionários. Outras ainda têm fins artísticos, literários, científicos, beneficentes e outros.

Necessidade há de se dotar a fundação de considerável suporte financeiro. Não é possível formar uma universidade, um hospital ou qualquer organização para prestar amplos serviços públicos sem maciços investimentos, posto que a fundação não pode distribuir lucros ao seu criador. Caso obtenha lucros num exercício, deverão ser eles investidos em serviços à comunidade ou em instalações para esses serviços, uma vez que a fundação é uma entidade sem fins lucrativos. Quando insuficientes para constituir uma fundação, os bens doados serão convertidos em títulos da dívida pública, se outra coisa não dispuser o instituidor, até que, aumentados com os rendimentos ou novas dotações, perfaçam capital bastante.

É para garantir a solidez da base financeira da fundação que o art. 62 estabelece a dotação especial de bens livres, pois se eles estiverem inquinados por gravames, o patrimônio da fundação seria enganoso, visto que estaria corroído pela depreciação. É possível surgirem várias formas de suprir a insuficiência do capital mínimo necessário para que a fundação passe a funcionar. Outro instituidor incorpora bens aos de uma fundação, à espera de reforço financeiro; um patrimônio beneficente já instalado oferece-se para ser acionado pela fundação; ou a fundação promove campanhas arrecadatórias. Enfim, haverá muitas possibilidades para que a fundação deficiente elimine suas insuficiências.

É possível, ainda, ser criada a fundação por testamento. Uma pessoa física poderá dispor em testamento que o seu patrimônio, ou parte dele, dotem uma entidade para constituir uma fundação. Destinados os bens para a fundação, segue a criação o caminho normal observado para a criação por instrumento público.

5.3. O estatuto

Ao criar-se a fundação, já deve ser elaborado seu estatuto, ou o instituidor deverá já prever no ato de criação quem se encarregará da elaboração dele. Aqueles a quem o instituidor cometer a aplicação do patrimônio, tendo ciência do encargo, formularão logo, de acordo com as bases previstas no art. 24, o estatuto da fundação projetada, submetendo-os, em seguida, à aprovação da autoridade competente. Se esta lhe denegar, supri-la-á o juiz competente no Estado, no Distrito Federal ou nos Territórios, com os recursos da lei (art. 65).

O estatuto é a lei interna da fundação: estabelece o objeto e os objetivos dela, quem serão seus dirigentes e sua forma de substituição, o sistema de administração e a estrutura básica, os elementos qualificadores como o nome, domicílio, nacionalidade, âmbito e território de atuação, o prazo de duração, os registros a que se submeterá, os poderes dos dirigentes e demais elementos básicos de sua estrutura funcional. A aprovação do estatuto ficou regulamentada pelos arts. 1.199 a 1.204 do Código de Processo Civil.

O registro da fundação deverá ser antecipado pela aprovação judicial. O interessado submeterá o estatuto ao órgão do Ministério Público, que verificará se foram observadas as bases da fundação e se os bens são suficientes ao fim a que ela se destina. Autuado o pedido, o órgão do Ministério Público, no prazo de quinze dias, aprovará o estatuto, indicará as modificações que entender necessárias ou denegará a aprovação. Em São Paulo, como fora dito, o órgão do Ministério Público que velará pelas fundações é chamado de "Curadoria de Fundações".

Aprovado judicialmente, o estatuto será registrado, junto com a fundação, no Cartório de Registro de Pessoas Jurídicas, nos moldes da Lei dos Registros Públicos (Lei 6.015/73). Poderá, entretanto, o estatuto ser modificado, consoante a previsão do art. 28. Para se poder alterar o estatuto da fundação, é mister que a reforma seja deliberada pela maioria absoluta de seus componentes para gerir e representar a fundação. Não poderão as modificações alterar os objetivos da fundação, pois seria criar uma nova. Procedendo-se legitimamente à reforma, a fundação deverá registrar as modificações, com as mesmas formalidades do estatuto: deverão ser aprovadas pelo Ministério Público e só com essa aprovação serão averbadas no registro. A minoria vencida na modificação do estatuto poderá, dentro de um ano, promover-lhe a nulidade, recorrendo ao juiz competente, salvo o direito de terceiros. Vê-se, assim, tanto na aprovação do estatuto como nas suas modificações, a participação do Ministério Público.

5.4. Extinção das fundações

Como toda pessoa, a fundação está fadada a um final. A pessoa física tem existência bem efêmera; a jurídica é bem mais longa, normalmente. Conhecem-se pessoas jurídicas de vários séculos de existência, mas não se sabe quando se extinguirão. Contudo, a extinção delas processa-se de forma peculiar, segundo a nossa lei, distinguindo-se do processo extintório das demais pessoas jurídicas.

Segundo o art. 30, verificado ser nociva, ou impossível a mantença de uma fundação, ou vencido o prazo de sua existência, o patrimônio, salvo disposição em contrário no ato constitutivo, ou no estatuto, será incorporado em outras fundações, que se proponham a fins iguais ou semelhantes. Vê-se, então, que a fundação poderá ter um prazo de duração; vencido esse prazo, deverá ela entrar em liquidação e ser extinta.

A extinção poderá, em certos casos, ser requerida pela minoria dissidente. Caso o objeto da fundação tornar-se ilícito ou ficar impossível ou nociva sua manutenção, poderá o Ministério Público promover a extinção, a menos que no estatuto já tenha sido prevista outra solução. A própria fundação não poderia requerer autoliquidação, pois o pessoal que a integra é periférico e não contribui para formá-la, da mesma forma que não poderia extingui-la.

6. DO DOMICÍLIO

6.1. Noção de domicílio e sua determinação

6.2. Mudança de domicílio

6.3. Espécies de domicílio

6.4. Domicílio de pessoas jurídicas

6.5. A eleição do domicílio ou do foro

6.1. Noção de domicílio e sua determinação

O domicílio situa-se no campo do relacionamento da pessoa com o lugar. Esse relacionamento estabelece conexão entre a pessoa e o direito a ela aplicável. Ao dizer-se que um réu deve ser citado, em uma ação judicial, no seu domicílio, nota-se a conexão entre a pessoa do réu e seu domicílio, bem como as normas legais que se aplicam às questões relacionadas a essa pessoa. A origem etimológica do nome liga-se a *domus* (casa). Contudo, é bom evidenciar que tanto a palavra "casa" como "domicílio" possuem significado bem mais abrangente do que o significado vulgar.

Quando um Presidente da República declarou que não admitiria que "organizações estrangeiras venham impor diretrizes em nossa casa", aplicou essa expressão em sentido figurado muito comum. Nosso Código Comercial usava a expressão "Casa Comercial" para designar o centro de atividades de uma empresa. Veremos então que, em sentido lato, o domicílio tem, além de seu sentido estrito, o significado de residência, moradia e sede de empresa, como as aplicações principais do termo. Todavia, em qualquer sentido em que for aplicado, o termo "domicílio" sempre tem relação com um "lugar".

Essa relação pessoa/lugar está presente também em nossa lei. Diz o art. 70 do Código Civil que o domicílio civil da pessoa natural é o lugar em que ela estabelece a sua residência com ânimo definitivo. Esse aspecto conceitual necessita de muitos esclarecimentos. Nosso código fala em domicílio civil da pessoa natural, razão por que teremos de falar em separado do domicílio das pessoas jurídicas. Como a lei se refere ao domicílio civil, o domicílio das empresas merecerá atenção especial.

Vê-se no conceito dado pelo art. 70 que ele considera dois elementos promordiais do domicílio. O primeiro é o elemento material, a residência, ou seja, um lugar. O segundo elemento é psicológico, caracterizado por um *animus*, uma intenção, que esse artigo chama de "ânimo definitivo". O domicílio está pois intimamente ligado à residência. Não consideramos como absoluta essa afirmação, pois casos há em que o domicílio pode se distinguir da residência, não prevendo a lei essa distinção, mas não a proibindo. Seguem esse critério muitos doutrinadores brasileiros e o direito de vários países. É o que demonstra o Código Civil italiano, em seu artigo 43:

Domicilio e residenza	Domicílio e residência
II domicilio di una persona è nel luogo in cui essa ha stabilito la sede principale dei suoi affari e interessi. La residenza è nel luogo in cui la persona a la dimora abituale.	O domicílio de uma pessoa é o lugar em que ela tenha estabelecido a sede principal de suas ocupações e interesses. A residência é o local em que a pessoa tenha sua moradia habitual.

Não julgamos conflitante o conceito italiano ante o brasileiro, mas aquele o complementa. Ambos os artigos usam a expressão "lugar", adotando pois o mesmo elemento material. O domicílio é então uma relação de direito e a residência uma relação de fato. O domicílio é o centro de interesses de uma pessoa. Ao usar o verbo "estabelecer", o direito italiano levanta a idéia de "estabelecimento"; é o local em que a pessoa se estabelece, vale dizer, centraliza seus negócios e interesses, a sede de suas atividades.

Tomemos, por exemplo, um advogado. Em todos os documentos que ele assina consta o endereço de seu escritório; na sua folha de petições ou no seu cartão de visita. É ele quem dá o seu domicílio, ação que constitui um ato jurídico, e portanto está ele vinculado juridicamente ao lugar que indicou. É esse lugar que o direito italiano chama de "sede principal das ocupações e dos interesses" e o direito alemão de "estabelecimento durável", dando sempre a noção de núcleo, de centro. O Código Civil francês, no art. 102, fala em "principal estabelecimento". Nesse local deverá ser o advogado citado ou intimado sobre questões judiciais. Quem quiser cobrá-lo por obrigações por ele contraídas deverá dirigir-se àquele domicílio.

Examinemos, entretanto, a noção de residência. É uma relação de fato e não de direito. A residência prova-se por elementos fáticos, como, por exemplo, testemunhas que vejam a pessoa num lugar com muita freqüência. Não há necessidade de testemunhas para se provar um domicílio; se uma pessoa celebra um contrato, apontando o domicílio, já ficou provada a relação jurídica da pessoa com o lugar em que responderá por suas obrigações. No domicílio não é preciso o *animus* de lá permanecer, mas na residência ele é imprescindível: o "ânimo definitivo" do nosso direito é a "moradia habitual" do direito italiano. Se uma pessoa mora habitualmente num lugar é porque permanece menos em outros. Conclui-se ainda que "moradia" é a residência de uma pessoa, mas não habitual ou com ânimo definitivo.

No artigo 71, nosso código parece caracterizar melhor a residência, distinguindo-a de outros lugares a que se vincula a pessoa. Diz ele: "Se, porém, a pessoa natural tiver diversas residências onde alternadamente viva, ou vários centros de ocupações habituais, considerar-se-á domicílio seu qualquer destes ou daquelas". Usa agora a expressão "centro de ocupações habituais", que muito se aproxima de "sede principal de suas ocupações e interesses" do direito italiano, de "estabelecimento durável" do direito alemão e do "principal estabelecimento" do direito francês. Ao contrário do direito francês, que admite apenas um domicílio, o direito brasileiro adota a pluralidade de domicílios. Pode a pessoa ter várias residências com ânimo definitivo e, portanto, todas elas serão consideradas domicílio. Por outro lado, também será domicílio um centro de ocupações e interesses, como o escritório de um advogado ou o consultório do médico.

Outra expressão distinta de residência vamos encontrar no art. 33. Segundo esse artigo, ter-se-á por domicílio da pessoa natural, que não tenha residência habitual, ou empregue a vida em viagens, sem "ponto central de negócios", o lugar em que for encontrada. Encontra-se aqui a figura do domicílio sem residência. É o caso de um "camelô" que percorre várias cidades, não se sabendo de que lugar faz o "ponto central de seus negócios", ou "sede principal de suas ocupações e interesses". Se ele for encontrado numa praça pública, apregoando suas bugigangas, lá será seu domicílio.

O termo "estabelecimento" aqui empregado não se confunde com o instituto do mesmo nome, aplicado pelo Direito Empresarial e sinônimo de "Fundo de Comércio" ou "Azienda". É o centro da vida, da existência de uma pessoa. É nesse sentido que o art. 102 do Código Civil francês a ele se refere:

Le domicile de tout français quant à l'exercice de ses droits civils, est au lieu où il a son principal établissement.	O domicílio de todo francês, no tocante ao exercício de seus direitos, é o lugar em que ele tenha seu principal estabelecimento.

Contudo, o domicílio civil também leva em consideração a concentração de bens junto com a pessoa, para caracterizar o domicílio. Marco Túlio Cícero (100-43 a.C.), célebre orador romano, e advogado de grandes causas, tem como uma de suas principais obras a defesa que ele fez do poeta Archia. A cidadania romana desse poeta era contestada e na obra *Pro Archia* Cícero pronunciou uma frase conceitual do domicílio:

At domicilium Romae non habuitis, que tot annis ante civitatem datam, sedem omnium rerum ac fortunarum suarum Romae collocavit?	Como não teve domicílio em Roma quem, tantos anos antes de lhe ser dada a cidadania, colocou em Roma a sede de suas ocupações e bens?

6.2. Mudança de domicílio

Embora fale o art. 70 em "ânimo definitivo", o domicílio está sujeito a mudanças. Para o nosso código, muda-se o domicílio, transferindo a residência com intenção manifesta de o mudar (art. 74). A transferência do domicílio está, portanto, condicionada ao mesmo tipo de elementos observados no estabelecimento dele: um material e outro psicológico. O elemento material é constituído por fatos, como a transferência que a pessoa faz de seus bens, de seu centro de interesses, regularmente chamada de "mudança". Há o deslocamento de pessoas e coisas de um lugar para outro, demonstrando claramente a transferência também da sede de ocupações costumeiras da pessoa deslocada.

O elemento psicológico é o *animus*, a intenção de estabelecer a residência definitiva em outro local. Em nossa opinião, esse *animus* assenta-se em suportes fáticos. É muito difícil travar discussões sobre o que uma pessoa tem em suas intenções. Necessário se torna que atos exteriores demonstrem essa intenção. Aliás, o parágrafo único do próprio art. 34 diz que a prova da intenção resultará do que declarar a pessoa mudada às municipalidades dos lugares que deixa e para onde vai, ou, se tais declarações não fizer, da própria mudança, com as circunstâncias que a acompanharam.

Assim, uma pessoa transfere sua residência de uma cidade para outra, sendo a mudança de seus bens feita por uma agência de mudanças. A nota fiscal dessa mudança demonstra a intenção de mudar o domicílio. Além disso, a pessoa que mudar abre conta corrente em um banco da cidade para a qual mudou, dando o endereço nessa cidade. Caracterizado ficou o domicílio do transferido.

6.3. Espécies de domicílio

Várias classificações merece o domicílio, mas, em sentido amplo, divide-se ele em duas espécies principais: o real ou voluntário, e o legal ou necessário. O domicílio real é o da livre escolha da pessoa, sendo por isso chamado também de voluntário. É o domicílio natural, normal, quer da pessoa natural, quer da pessoa jurídica. O próprio art. 70 aponta o elemento *animus* da pessoa ao estabelecer o domicílio, ressaltando a participação da vontade. Por outro lado, ao referir-se às pessoas jurídicas, o art. 35, no inciso IV, diz que o domicílio das pessoas jurídicas é o lugar em que funcionarem as respectivas diretorias e administrações, ou onde elegerem domicílio especial nos seus estatutos ou atos constitutivos. "Eleger" um domicílio é manifestar uma vontade, como ainda escolher o lugar em que funcionará a direção de uma pessoa jurídica. Assim sendo, o domicílio real é a regra e o legal a exceção.

O domicílio legal ou necessário é imposto pela lei, independente da vontade da pessoa. Como se trata de domicílio especial, excepcional, é preciso que a lei especifique e circunscreva os casos especiais em que ele se observa. Essas limitações são encontradas nos arts. 36 a 41, aplicando-se aos casos seguintes: incapazes, funcionário público, militares, tripulação da marinha mercante, preso ou desterrado, agentes diplomáticos.

Incapazes — têm por domicílio o de seus representantes legais (art. 76). O termo "incapaz" engloba o menor de 18 anos e o interdito. São eles juridicamente dependentes do representante legal e o domicílio necessário é um domicílio de dependência. No momento em que for atingida a maioridade ou cessar a interdição, o incapaz poderá exercer sua vontade, na escolha de seu domicílio.

Funcionários públicos — reputam-se domiciliados onde exercerem as suas funções, não sendo temporárias, periódicas ou de simples comissão, porque, nesses casos, elas não operam mudança no domicílio anterior (art. 37). É muito vaga essa disposição, porém os pontos omissos serão resolvidos com apelo a outras normas, como o Código de Processo Civil. Há algumas referências a essa questão no Estatuto dos Funcionários Públicos Civis da União (Lei 1.711/52), bem como na legislação estadual sobre os funcionários públicos estaduais. Há contudo o aspecto seguro, expresso pelo art. 76, de que o funcionário público deverá ter seu domicílio na comarca em que trabalhar, exigência também pelos estatutos estaduais. Situação anômala fica a de locais como São Paulo e Rio, em que muitos funcionários públicos têm domicílio nas cidades-satélites, que, embora correspondam a autênticos subúrbios, são comarcas distintas. Em São Paulo, aplica-se esse artigo para a cidade, desconsiderando-se as varas distritais, existentes nos bairros.

Militares — o domicílio do militar em serviço ativo é o lugar onde servir; as pessoas com praça na armada têm o seu domicílio na respectiva estação naval, ou na sede do emprego que estiverem exercendo, em terra (art. 38). Não haveria necessidade de disposição especial para o militar, pois ele é um funcionário público. Seu domicílio é na cidade em que estiver servindo.

Oficiais e tripulantes da marinha mercante — o domicílio deles é o lugar onde estiver matriculado o navio (art. 76). Cuida-se aqui não de funcionário público, mas funcionários de empresas privadas, ainda que seja o Lloyd Brasileiro, que é empresa estatal. As funções desses profissionais são regulamentadas pelo Código Comercial, mas permanecem a maior parte do tempo fora do país, embora tenham no Brasil uma residência. Para ocupar a posição de oficial da marinha mercante brasileira, chamado de capitão, exige o art. 496 do Código Comercial que seja brasileiro e com domicílio no Brasil. Entretanto, a determinação dos membros da tripulação do navio não segue o critério do art. 76, mas o domicílio deles será no lugar em que o navio estiver matriculado. A matrícula do navio se faz no órgão do Ministério da Marinha, situado no Rio de Janeiro. Por conseguinte, o domicílio dos tripulantes do navio situa-se sempre no Rio de Janeiro.

Nosso código silencia a respeito da tripulação de aviões: apesar da analogia marcante existente entre o Direito Marítimo e o Direito Aeronáutico e entre o navio e o avião, não se pode aplicar idêntico critério para os dois ramos do direito. A situação dos tripulantes do avião é regulamentada pelo Código Brasileiro de Aeronáutica (Lei 7.565/86). Exige o art. 156, § 1º dessa lei que o tripulante seja brasileiro nato ou naturalizado, mas não que tenha domicílio no Brasil. Tanto quanto o navio, o avião deverá estar matriculado no órgão competente. Nesse caso, é o Registro Aeronáutico Brasileiro, orgão do Ministério da Aviação. Esse registro dá o domicílio do avião, que é no Rio de Janeiro, mas não o dos tripulantes. Como a lei específica é omissa, não se pode aplicar, por analogia, o art. 39 aos aeronautas. O domicílio deles será voluntário, vale dizer, o que o próprio membro da tripulação declarar.

Preso ou desterrado — o preso ou desterrado tem o domicílio no lugar onde cumpre a sentença (art. 76). Quem for condenado à prisão perde vários tipos de liberdade, entre elas a de escolher seu domicílio. Será o domicílio no local que lhe for determinado pela autoridade competente. A Constituição Federal de 1988 vedou a pena de banimento do território nacional, no art. 5º, XLVII, *d*, razão pela qual fica prejudicada a disposição desse artigo quanto ao desterrado.

Agentes diplomáticos — o Ministro ou agente diplomático do Brasil, que, citado no estrangeiro, alegar exterritorialidade sem designar onde tem, no país, o seu domicílio, poderá ser demandado no Distrito Federal ou no último ponto do território brasileiro onde o teve (art. 41). Refere-se essa disposição à hipótese de agentes diplomáticos ou consulares, ou seja, os que trabalharem nas legações brasileiras em países estrangeiros. Os locais em que eles se encontram lotados no estrangeiro são considerados território brasileiro.

Se forem eles demandados judicialmente, responderão a processo na jurisdição do domicílio que tiverem eles declarado no Brasil. Caso, porém, não tenham declarado domicílio no Brasil, o foro competente será o Distrito Federal ou, então, o último domicílio que for constatado no território brasileiro.

6.4. Domicílio de pessoas jurídicas

Os arts. 70 a 74 de nosso Código Civil referem-se especialmente ao domicílio da pessoa natural, adotando critérios peculiares a esse tipo de pessoa. Para as pessoas jurídicas, entretanto, os critérios de determinação do domicílio são outros e previstos no art. 75. Diferenças existem nos critérios para determinação do domicílio, conforme seja pessoa jurídica de direito público ou privado.

As pessoas jurídicas de direito público são previstas em primeiro lugar, considerando o código que a União terá seu domicílio no Distrito Federal, os Estados nas respectivas capitais e os Municípios no lugar em que funcionar a administração municipal. Essa disposição refere-se tanto aos órgãos da administração direta como indireta.

As pessoas jurídicas de direito privado deverão ter seu domicílio indicado em seus atos constitutivos. Uma empresa, por exemplo, fará constar o domicílio no contrato social. Uma associação fará indicar o domicílio no lugar em que funcionar sua sede ou qualquer outro lugar de sua escolha. O caso das empresas multiestaduais, que operam em várias cidades e vários estados, oferece maior complexidade. Tratando-se de um Pedido de Falência requerido por um credor, o foro competente será o do lugar em que a empresa requerida tiver seu principal estabelecimento, mas a interpretação literal da expressão é a de que o estabelecimento principal é o que concentre a maior parte do patrimônio da empresa e apresente atividade operacional mais intensa.

Vemos então que o critério adotado pelo art. 70 para determinar o domicílio de pessoa natural não se aplica à pessoa jurídica, pois esta não tem residência, mas estabelecimento. Todavia, independente das diferenças entre residência e estabelecimento, os efeitos de um ou de outro são iguais e chegam à mesma denominação de domicílio. Comumente é chamado de "sede social" o domicílio da pessoa jurídica.

É o que ocorre com referência a demandas judiciais decorrentes de atos praticados por órgãos da administração pública, localizados em qualquer parte do território nacional. Quando o direito pleiteado se originar de um fato ocorrido, ou de um ato praticado, ou que deva produzir os seus efeitos, fora do Distrito Federal, a União será demandada na seção judicial em que o fato ocorreu, ou onde tiver sua sede a autoridade de quem o ato emanou, ou este tenha de ser executado. Essa disposição é mais claramente exposta no art. 99, I e II do Código de Processo Civil, ao dizer que o foro da capital do Estado ou do Território é competente para as causas em que a União ou o Território forem réus, autores ou intervenientes.

Por exemplo: um veículo a serviço da União abalroa outro, causando prejuízos a este último, na cidade de São Paulo. O veículo da União pertence a uma repartição federal locada em São Paulo. O prejudicado não precisará demandar a União no domicílio dela, vale dizer, no Distrito Federal, mas em São Paulo, onde o acidente produziu efeitos. Se, porém, tiver ocorrido o acidente em cidade do interior do Estado de São Paulo, o foro competente será o da Capital.

Nos Estados, observar-se-á quanto às causas de natureza local, oriundas de fatos ocorridos ou atos praticados por suas autoridades, ou dados à execução fora das capitais, o que dispuser a respectiva legislação. Destarte, no Estado de São Paulo, por exemplo, vigorará o que dispuserem a Lei da Organização Judiciária e outras normas estaduais.

Com fundamentos mais ou menos semelhantes, ficarão considerados os vários domicílios da pessoa jurídica de direito privado, previstos no § 3º do art. 35. Tendo a pessoa jurídica de direito privado diversos estabelecimentos em lugares diferentes, cada um será considerado domicílio para os atos nele praticados. Por exemplo, a filial, do Rio, de uma empresa domiciliada em São Paulo faz uma compra no Rio, tendo sido contra ela sacada uma duplicata. Essa duplicata será sacada para pagamento no Rio. Em caso de não-pagamento, a execução será processada também no Rio. Algumas dúvidas que surgiram foram esclarecidas pela Súmula 363 do Supremo Tribunal Federal: "A pessoa jurídica de direito privado pode ser demandada no domicílio da agência ou estabelecimento, em que se praticou o ato". Julgamos contudo que o verbo "pode" deveria ser substituído por "deve".

Um aspecto especial foi previsto no § 4º quanto a uma pessoa jurídica de direito privado estrangeira. Se a administração, ou diretoria, tiver a sede no estrangeiro, haver-se-á por domicílio da pessoa jurídica, no tocante às obrigações contraídas por cada uma das suas agências, o lugar do estabelecimento, sito no Brasil, a que ela corresponder. O conjunto das normas jurídicas, sobre essa questão, veda, a uma pessoa jurídica situada no estrangeiro, praticar atos no Brasil. Portanto, o § 4º repete o § 3º. Por exemplo: a FIAT, uma empresa estrangeira, não poderia praticar atos válidos no Brasil: adquirir direitos ou contrair obrigações. No entanto, constituiu uma empresa no Brasil, com atos constitutivos aqui registrados nos órgãos competentes. Trata-se pois de uma empresa brasileira, criada e registrada no Brasil, de acordo com a nossa lei; o domicílio dela regula-se, pois, conforme o § 3º do art. 35.

6.5. A eleição do domicílio ou do foro

Nos contratos escritos poderão os contraentes especificar domicílio onde se exercitem e cumpram os direitos e obrigações deles resultantes (art. 78). Prevê nossa lei, embora limite apenas aos contratos, a liberdade das partes em escolherem, de comum acordo, um domicílio diverso. É chamado de domicílio convencional ou eletivo. A eleição de domicílio se dá pela vontade das partes, modificando a sede jurídica da pessoa física ou jurídica. É também chamado de eleição de foro, pois a finalidade primacial do domicílio escolhido pelas partes é a de situar o exercício de direitos e cumprimento das obrigações numa determinada circunscrição jurisdicional.

Não há, entretanto, eleição de domicílio de caráter geral. Nossa lei restringe-o só aos contratos. Acreditamos, porém, que, por analogia, possa o instituto aplicar-se a outros tipos de relações jurídicas. O art. 47 do Código Civil italiano não o limita apenas aos contratos, mas a determinados atos ou questões:

Elezione di domicilio Si può eleggere domicilio speciale per determinati atti o affari. Questa elezione deve farsi espressamente per iscritto.	Eleição de domicílio Pode-se eleger domicílio especial para determinados atos ou questões. Esta eleição deve ser feita expressamente por escrito.

Trata-se, entretanto, de instituto aplicado a acordos bilaterais; não pode ser envolvido pelas declarações unilaterais de vontade. Não poderá haver manifestação de vontade por parte de uma pessoa, para que seu inventário se abra em comarca de sua eleição. A este respeito, dispõe o código de vários países, como o nosso o faz no art. 1.578, que a sucessão abre-se no lugar do último domicílio do falecido. Está aí um domicílio legal, obrigatório.

Estende-se ainda ao nosso direito o disposto no segundo parágrafo do art. 47 do Código Civil italiano, de que a eleição do domicílio deve ser feita expressamente por escrito, não devendo permanecer dúvidas. Esse tipo de domicílio é classificado como "especial" e, saindo fora do normal, deve ser estabelecido de forma indubitável.

Com a promulgação do Código de Processo Civil de 1973, atualmente em vigor, o estabelecimento do domicílio pela vontade das partes, o *forum electionis* sofre as naturais limitações legais. A lei permite o que não está por ela proibido. Digamos que uma empresa domiciliada em São Paulo e outra no Rio celebrem contrato, elegendo o foro de Porto Alegre para dirimir potenciais conflitos entre elas. Ora, nossa lei adjetiva diz que o réu deve ser demandado no domicílio dele. Ficará muito frágil a faculdade do demandante em obrigar o demandado a deslocar-se para outra comarca, já que está amparado este último pelo art. 100, IV do Código de Processo Civil.

7. OBJETO DE DIREITO: OS BENS

7.1. Os bens e as coisas

7.2. Classificação dos bens

7.1. Os bens e as coisas

Enquanto as pessoas são sujeitos de direitos, os bens são objetos de direito. Consideram-se como bens as realidades corpóreas e incorpóreas que satisfazem às necessidades humanas e possam ser o objeto de uma relação jurídica. Os bens têm sempre um valor econômico, pois uma relação jurídica pode implicar uma ação judicial e, ao ingressarmos com uma ação, necessário se torna atribuir o valor da causa. Nosso código cuida deste assunto nos arts. 79 a 103.

Chegamos assim ao mesmo dilema a que chegaram inúmeros juristas: a consideração estável de o que são bens e o que são coisas. Bens e coisas têm o mesmo sentido? Se não, coisa é uma espécie de bem, ou vice-versa? Os antigos romanos legaram-nos esse dilema, pois eles adotavam uma única expressão: *res*. Entretanto, *res* significava propriamente "coisas". Porém, havia para os romanos dois tipos de *res*: *res corporales* e *res incorporales*. As coisas corpóreas são as que chegam ao nosso conhecimento por via dos sentidos. São coisas materiais, suscetíveis de chegarem à nossa mente pela visão, pelo tato, pelo olfato. Elas têm corpo, pois ocupam um lugar no espaço. As *res incorporales* não têm existência material; são uma abstração. Chegam ao nosso conhecimento pelo raciocínio, como os direitos. Os direitos têm um titular, mas não são suscetíveis de posse.

Se examinarmos o balanço de uma empresa, encontraremos dois lados, chamados de ativo e passivo. O ativo é o lançamento dos bens de uma empresa, quer as *res corporales*, as coisas, quer as *res incorporales*, os direitos. O dinheiro, os produtos, a matéria-prima, os veículos, os imóveis, os prédios, a maquinaria, todos são "coisas", pois são dotados de existência material. Encontram-se também certas partes do ativo, como os contas-correntes, créditos a receber, títulos a receber, que são direitos, sem existência material: as *res incorporales*.

7.2. Classificação dos bens

Se o próprio código fala em bens e coisas, é porque estabelece uma distinção entre os diferentes tipos de bens. Como são muitos esses tipos, classifica-os em quatro categorias, conforme o critério adotado. São elas:

I — Dos bens considerados em si mesmos	bens móveis e imóveis coisas fungíveis e não fungíveis coisas consumíveis e não consumíveis coisas divisíveis e indivisíveis coisas singulares e coletivas
II — Dos bens reciprocamente considerados	principais acessórios
III —Dos bens considerados em relação ao titular do domínio	públicos particulares
IV —Dos bens considerados em relação à suscetibilidade de serem negociados	coisas no comércio coisas fora do comércio

8. DOS BENS CONSIDERADOS EM SI MESMOS

8.1. Dos bens imóveis

8.2. Dos bens móveis

8.3. Das coisas fungíveis e infungíveis

8.4. Das coisas consumíveis e não consumíveis

8.5. Dos bens divisíveis e indivisíveis

8.6. Dos bens singulares e coletivos

8.1. Dos bens imóveis

A primeira classificação prevista no nosso código considera os bens em si mesmos, sem vinculação ou comparação com os outros. Adotam antes o critério da possibilidade de poderem os bens se deslocar de um lugar para outro sem perder sua essência. Nesse aspecto, distinguem-se os bens em móveis e imóveis.

Os bens imóveis são os que não podem ser transferidos para outro lugar sem sofrer abalos na sua essência, sem sofrerem destruição. Mais ou menos, corresponde ao que os romanos chamavam de *res mancipi*. Para a transferência de bens dessa categoria, tanto os antigos romanos quanto a maioria das nações ocidentais exigem atos solenes. No Brasil, a transferência de bens imóveis faz-se por escritura pública.

Considera-se como imóvel não só um terreno, pois os arts. 79 a 81 traçam extensa gama de bens que se integram nessa espécie. São imóveis o solo com a sua superfície, os seus acessórios e adjacências naturais, compreendendo as árvores e frutos pendentes, o espaço aéreo e o subsolo. Esses bens são imóveis por natureza, por surgirem sem a participação do homem.

Inclui-se entre os imóveis tudo quanto o homem incorporar permanentemente ao solo, como a semente lançada à terra, os edifícios e construções, de modo que se não possa retirar sem destruição, modificação, fratura ou dano. Trata-se aqui de bens que não surgiram da própria natureza, mas produzidos pelo homem em colaboração com a natureza. Por exemplo: existe um terreno no solo, que surgiu naturalmente; nesse terreno, o homem constrói uma casa. É outro imóvel, artificialmente incorporado ao natural. Há nesse inciso um conceito expresso do que se entenda como bem imóvel: o que não se pode deslocar sem destruição, modificação, fratura ou dano. Os imóveis naturais integram-se no gênero por "acessão natural", enquanto os incorporados por "acessão física".

A terceira categoria dos bens imóveis são tudo quanto no imóvel o proprietário mantiver intencionalmente empregado em sua exploração industrial, aformoseamento ou comodidade. São os imóveis por "acessão intelectual". Normalmente são bens móveis, mas que, por decisão humana, são agregados ao imóvel, aderindo a ele. É o caso de um apartamento a ser vendido, levando na venda o telefone ou o armário embutido. É também o caso do imóvel de uma indústria junto com a maquinaria, ou uma propriedade agrícola com os tratores.

A quarta categoria de imóveis é a dos assim considerados "por determinação legal". É a lei que os considera como imóveis, inclusive o penhor agrícola, e as ações que os asseguram (art. 80). É o caso do usufruto, enfiteuse, hipoteca, penhor agrícola, anticrese, servidões. Na verdade, são direitos e, por isso, deveriam ser catalogados como bens móveis. Contudo, trata-se de direitos reais sobre imóveis. Em conseqüência, segue a natureza do bem. Podemos dizer que nesse caso aplica-se o princípio do *accessorium sequitur principale*.

Considera a lei como imóveis as apólices da dívida pública oneradas com a cláusula de inalienabilidade. Embora se trate de um título de crédito, a cláusula de inalienabilidade o imobiliza, pois não pode ser transferido das mãos de seu portador. É igualmente considerado imóvel pela lei o direito à sucessão aberta. Os bens que fazem parte do acervo hereditário poderão ser móveis ou imóveis, ou só móveis. Mesmo, porém, que sejam apenas móveis, o conjunto de bens será tido como imóvel, pelo menos até a partilha, quando poderão ser mobilizados.

Não perdem o caráter de imóveis os materiais provisoriamente separados de um prédio, para neles mesmos se reempregarem (art. 81). Por outro lado, os materiais destinados a alguma construção, enquanto não forem empregados, conservam a sua qualidade de móveis. Readquirem essa qualidade os provenientes da demolição de algum prédio. Por exemplo, uma pessoa está construindo uma casa e adquire as portas e batentes; são eles bens móveis. Ao serem aplicados na construção, incorporam-se ao imóvel. Porém, se um dia, o proprietário da casa retira essas portas para mudá-las de lugar, colocando-as em outro ponto, conservam elas, nesse ínterim, a qualidade de imóvel. Se, contudo, forem retiradas para serem substituídas, ou para a demolição do prédio, readquirem a condição de móvel. A finalidade da remoção das portas é o fator determinante da mudança de estado delas.

8.2. Dos bens móveis

São móveis os bens suscetíveis de movimento próprio, ou de remoção por força alheia (art. 82). São estes os bens móveis por natureza. O traço característico desse tipo de bens é a mobilidade, ou seja, a possibilidade de serem esses bens deslocados de um lugar para outro, sem que percam sua substância, sem sofrerem destruição, modificação, fratura ou dano. Nossa lei fala entretanto do impulso que leva esses bens a se deslocarem. Podem eles deslocar-se por impulso próprio, como um boi, um cavalo. São chamados de "semoventes" (*res se moventes* = coisa movente por si). Consideram-se ainda semoventes o automóvel, o navio e o avião. O próprio nome do veículo (auto-móvel) dá idéia de ser ele deslocado por força própria. Apesar de móveis, o navio e o avião podem ser objeto de hipoteca. O outro tipo de móvel por natureza é o removível por força alheia, como a mala de mão.

Ao lado dos bens móveis por natureza, outros existem por determinação legal, (art.83). Consideram-se móveis para os efeitos legais: I — os direitos reais sobre objetos móveis e as ações correspondentes; II — os direitos patrimoniais e as ações respectivas. Conforme a própria lei a eles se refere, tratam-se de direitos, isto é, bens incorpóreos. Há muita similaridade entre os direitos sobre imóveis e móveis: os direitos sobre os imóveis são considerados bens imóveis; *a contrario sensu*, os direitos sobre móveis são considerados bens móveis. Adota-se o princípio de que o acessório segue o principal (*accessorium sequitur suum principalem*). Assim, o penhor de uma coisa móvel será direito real móvel, bem como os créditos garantidos por penhor.

Inclui ainda nosso código como bens móveis os direitos de autor. São os direitos do criador, do produtor de uma obra intelectual, de caráter artístico, literário ou científico. Essas obras são consideradas bens móveis. Para alguns juristas essas obras são coisas, tanto que anteriormente a questão era regulamentada no Direito das Coisas. Tendo sido suprimida do Código Civil, a questão é regulamentada pela Lei dos Direitos Autorais (Lei 5.988/73). É o caso de um livro, de uma estátua, de uma pintura, de uma música, da fórmula de um remédio, de um novo cosmético, de uma personagem artística, de uma novela de televisão, de uma litografia. Quem criar uma obra dessa natureza, adquire o direito de utilizar, fruir e dela dispor (*jus utendi, fruendi et abutendi*). Exerce o autor os direitos de propriedade da obra que criou.

Por analogia, estende-se essa disposição aos direitos de Propriedade Industrial, quer dizer, as obras produzidas pelo gênio e pelo talento humano na produção de bens e serviços. Embora esse tipo de bens esteja regulamentado por lei específica, o Código de Propriedade Industrial, aplicam-se-lhes as normas gerais sobre os direitos de propriedade.

8.3. Das coisas fungíveis e infungíveis

Na categoria dos bens considerados em si mesmos, surgem em seguida os bens fungíveis e infungíveis. Para o art. 86 são fungíveis os bens móveis que podem, e não fungíveis os que não podem substituir-se por outros da mesma espécie, qualidade e quantidade. Os bens fungíveis devem ser mais ou menos homogêneos, de tal forma que um possa ser substituído por outro equivalente. Devem ter o mesmo valor, de tal forma que o credor não saia prejudicado ao receber um pelo outro.

O caso mais comum de bem fungível é o dinheiro. No contrato de empréstimo de dinheiro, o mútuo, o mutuante entrega ao mutuário um montante de dinheiro, para que este o devolva ao mutuante, num determinado prazo. Quando chegar o dia do pagamento, o mutuário devolve ao mutuante, não aquele dinheiro que recebeu, mas outro, porém do mesmo valor. Foi entretanto devolvido um dinheiro da mesma espécie, qualidade e quantidade, vale dizer, com o mesmo valor.

Embora o dinheiro seja o caso mais sugestivo de bem fungível, não é o único. Por exemplo: um agricultor empresta para outro 100 sacas de arroz tipo agulha para que as devolva no prazo de 90 dias. Ao chegar esse prazo, o mutuário devolve não aquelas 100 sacas de arroz, mas outras 100, porém da mesma espécie, qualidade e quantidade.

8.4. Das coisas consumíveis e não consumíveis

São consumíveis os bens móveis, cujo uso importa destruição imediata da própria substância, sendo também considerados tais os destinados à alienação (art. 86). As coisas não consumíveis são aquelas que, mesmo sendo usadas, conservam sua substância, ou seja, seus elementos essenciais. Assim acontece com a água com que se toma um banho: mesmo após o uso, não deixa de ser água. O mesmo acontece com a roupa ou os aparelhos eletrodomésticos.

As coisas consumíveis, por sua vez, sendo usadas, sofrem radical transformação nos seus elementos essenciais, de tal forma que deixam de ser o que eram. Os alimentos, por exemplo, ao serem utilizados, perdem sua substância, deixando de ter a mesma essência, isto é, não são mais alimentos. O ferro e o carbono são dois metais bem característicos. Combinados entre si, a um determinado ponto de fusão, transformam-se no aço, deixando de ser ferro e carbono.

Da mesma forma que acontece com as coisas fungíveis, as consumíveis só podem ser móveis. Os imóveis nunca serão fungíveis e consumíveis, segundo nossa lei. Um apartamento pode ser usado por um inquilino, depois por outro e mais outros, sem perder a sua essência, vale dizer, conservando seus elementos essenciais.

8.5. Dos bens divisíveis e indivisíveis

Bens divisíveis são os que se podem fracionar sem alteração da substância. Há muita analogia entre os bens consumíveis e divisíveis, porém muda muito o critério. Não vigora para os bens divisíveis o critério do consumo, mas o da divisão, embora sob ambos os critérios a coisa perca sua substância. As coisas divisíveis podem ser materialmente divididas em várias partes, mas essas partes conservam a mesma substância. Tomemos por exemplo um diamante: ele pode ser dividido em vários outros; os diamantes surgidos da divisão mantêm a mesma essência, vale dizer, a mesma natureza e qualidades essenciais do diamante dividido. Não deixam de ser diamantes, embora menores.

Indivisíveis são os bens que sendo divididos deixam de ser o que eram. Um automóvel pode ser dividido em inúmeras partes: os vidros, as rodas, os pneus, o motor, a carroceria e tantas outras peças. Deixa porém de ser automóvel; deixa de ser o que era: perdeu a substância de automóvel, a sua essência. O pneu não é um automóvel; o motor não o é tampouco. Cada parte formou "um todo perfeito", *Contrario sensu*, vejamos o que acontece com uma barra de ouro: pode ela ser dividida em várias barrinhas, mas todas elas serão "barras de ouro". Conservam elas a mesma essência, a mesma substância da barra de ouro primitiva, por ser esta divisível.

8.6. Dos bens singulares e coletivos

Examinemos a constituição de um automóvel. É ele constituído de partes heterogêneas, de diferentes espécies. Há partes metálicas, plásticas, vidros, borracha, couro. O automóvel é uma coisa composta. O aço não é uma coisa coletiva: é singular. Ele é formado por ferro e carbono, que são metais, substâncias homogêneas, materiais da mesma espécie.

As coisas simples ou compostas, materiais ou imateriais, são singulares e coletivas. Podem, no entanto, tanto simples quanto compostas, ser materiais ou imateriais. Materiais são as coisas corpóreas, dotadas de matéria e, por isso, ocupam lugar no espaço. Uma caneta, uma janela, uma cadeira, são todos objetos materiais. Por outro lado, um direito não tem existência material; é um bem abstrato, ideal, imaterial. Um crédito é um direito creditório, sendo um bem imaterial.

Há outra divisão de ambas. Sejam simples ou compostas, materiais ou imateriais, os bens poderão ainda ser singulares ou coletivas.

Singulares quando, embora reunidos, se consideram de per si, independentemente das demais (art. 89). Coletivos, ou universais, quando se encaram agregados em todo. Os bens singulares são individuais, considerados de per si, isoladamente. Um livro é um bem singular; uma coletividade de livros é uma biblioteca. Um boi é um bem singular, um rebanho uma coisa coletiva.

De maior importância é a coisa coletiva, que é chamada de universalidade de coisas (*universitas*). É um conjunto de bens agregados em um todo único, embora cada um não perca sua individualidade. Os bens são coletivos quando se encaram agregados em todo. É o caso de uma biblioteca: é constituída de muitos livros, cada qual sendo uma coisa singular, individual. No conjunto, porém, formam um todo unitário. Um livro pode ser perdido e outro adquirido, modificando a biblioteca, que, assim mesmo, não deixa de ser uma coisa coletiva, uma *universitas*. Nas coisas coletivas, em desaparecendo todos os indivíduos, menos um, se tem por extinta a coletividade. Na biblioteca, podem ser destruídos todos os livros, menos dois, que será ainda uma biblioteca. Se ficar reduzida a um só, deixa de ser biblioteca, um bem coletivo.

Há porém dois tipos de universalidades: a *universitas facti* (universalidade de fato) e a *universitas juris* (universalidade de direito). A *universitas juris* é um conjunto de bens formado por determinação legal. É o caso da massa falida, do patrimônio, da herança e do fundo de comércio. O patrimônio e a herança constituem coisas universais, ou universalidade, e como tais subsistem, embora não constem de objetos materiais.

A universalidade de fato (*universitas facti*) é um conjunto de bens, constituído, não por força de lei, mas pela vontade de seu dono. Por exemplo, um invernista forma uma boiada, constituída de muitos bois. Uma biblioteca, uma galeria de quadros, uma discoteca, uma frota de ônibus, são todos universalidade de fato, por agruparem várias unidades, por determinação da vontade humana.

9. DOS BENS RECIPROCAMENTE CONSIDERADOS

9.1. Divisão: principais e acessórios

9.2. As benfeitorias

9.1. Divisão: principais e acessórios

Após a primeira classificação, a dos bens considerados em si mesmos, comportando vários agrupamentos, nosso código examina, nos arts. 92 a 97, os bens reciprocamente considerados. O critério adotado nessa classificação é o das relações estabelecidas entre os próprios bens, vale dizer, um bem considerado em relação a outro. Nesse aspecto, os bens comportam uma só divisão: principais e acessórios.

Principal é o bem que existe sobre si, abstrato e concretamente. Acessória é aquela cuja existência supõe a da principal. Essa forma de classificação aplica-se às coisas materiais corpóreas (*res corporales*) e aos bens intelectuais (*res incorporales*), como os direitos industriais, os direitos do autor, o crédito e outros direitos.

O conceito de principal e acessório precisa ser melhor explicado e entendido. O bem principal existe por si mesmo, não dependendo de outro que a ele se liga. O bem acessório, por outro lado, não existiria se não existisse o principal. Tomemos, por exemplo, o contrato de aluguel de uma casa residencial, garantido por um contrato de fiança. O aluguel é o contrato principal; a fiança é o acessório. Por qual razão? É porque a locação poderia existir sem a fiança; a primeira não depende da segunda. A fiança, porém, depende da locação, pois não poderia existir sem ela.

Quanto aos bens corpóreos, aplica-se o mesmo princípio. Digamos que no quintal de uma casa nasça uma bananeira. O imóvel da casa é a coisa principal, a bananeira, a acessória. O imóvel existe sem a bananeira, mas a recíproca não é verdadeira. Por outro lado, a bananeira dá banana e são duas coisas vinculadas uma à outra. Reciprocamente consideradas, a bananeira é a coisa principal e a banana a acessória. A bananeira não surgiu da banana e poderia ter existido sem ela. A banana, por seu turno, surgiu da bananeira e não existiria sem ela. A banana é fruto da bananeira e, portanto, coisa acessória.

Por isso, entram na classe das coisas acessórias os frutos, produtos e rendimentos. Ao referir-se aos frutos, o código estende a expressão a tudo aquilo que brota de alguma coisa, o que é produzido pela coisa principal. Os ovos são frutos da galinha, por ser ela que os produz. A galinha é a coisa principal, os ovos as coisas acessórias.

São acessórios alguns produtos da coisa principal. São acessórios do solo:

— os produtos orgânicos da superfície;

— os minerais contidos no subsolo;

— as obras de aderência permanente, feitas acima ou abaixo da superfície.

Os produtos orgânicos da superfície são as plantas que brotarem num imóvel, incluindo-se os animais que nele surgirem. Serão propriedade do proprietário do solo. Se lá nascer um pé de maconha será propriedade do dono do terreno, que responderá criminalmente pela manutenção em seu terreno do produto que dele se originou. As obras de aderência são coisas externas que eventualmente se adicionam ao terreno, como pedras preciosas.

No tocante aos minerais contidos no subsolo, como os metais, água e petróleo, são realmente acessórios do solo. Porém, a partir de 1916, em que foi promulgado nosso Código Civil, extensa legislação, como o Código de Águas, o Código de Minas, estabeleceram critérios variados para esse tipo de bens. Trata-se de complexo assunto, do qual preferimos não falar, pois é bem específico e já tratado em várias obras técnicas e jurídicas.

9.2. As benfeitorias

Tipo especial de bem acessório é o das benfeitorias executadas pelo trabalho humano na coisa principal, as quais aderem a esta última. Destinam-se as benfeitorias a conservar a coisa principal, a aprimorar e aumentar a utilidade, ou tornar mais bonita uma coisa. É o exemplo de uma maquinaria industrial à qual seja dado um revestimento antioxidante. Esse revestimento adere à maquinaria, para protegê-la e conservá-la. É uma benfeitoria que valorizou a coisa principal.

Consideremos um automóvel que o dono tenha enriquecido com pintura especial, pneus de melhor qualidade, buzina mais forte ou melodiosa, rádio-toca-fitas e outros melhoramentos. Essas benfeitorias poderão aumentar a eficiência do auto. Esse tipo de coisas acessórias são previstas no art. 96, excluindo algumas delas: a pintura em relação à tela; a escultura em relação à matéria-prima, e a escritura e outro trabalho gráfico, em relação à matéria-prima que os recebe.

Essas exceções baseiam-se no fato de que a coisa acessória é bem mais importante e de maior valor do que a principal. Perante a comunidade de pessoas, essa coisa acessória é a principal. Por exemplo: uma pintura de Cândido Portinari ou Di Cavalcanti feita numa tela de lona. Que coisa será a principal: a pintura ou a tela de lona? Entretanto, a pintura não poderia existir sem a tela, mas esta precedeu à pintura. Revela-se pois, nas benfeitorias, a importância do trabalho humano. Não se consideram como benfeitorias os melhoramentos sobrevindos à coisa sem a intervenção do proprietário, possuidor ou detentor.

Úteis são as benfeitorias que aumentam a eficiência de uma coisa, dando-lhe melhores recursos para utilização. Tal se dá com a máquina à qual se adiciona um dispositivo que acelere seu funcionamento ou diminua o consumo de energia, dando-lhe pois maior capacidade de produção. Digamos que um prédio de apartamentos tenha uma só rampa, utilizada para entrada e saída da garagem, obrigando um carro a esperar o outro. A construção de outra rampa aumenta ou facilita o uso da garagem, pois uma rampa pode ser utilizada só para a saída dos autos e a outra para a entrada; ou então o uso indiscriminado de ambas aliviaria o tráfego de ambas. A nova rampa não era necessária, mas foi útil, pois facilitou o uso da garagem.

As benfeitorias voluptuárias destinam-se ao mero deleite ou recreio, sem aumento do uso habitual da coisa, ainda que a tornem mais agradável ou sejam de elevado valor. Por exemplo, um equipamento industrial que recebe pintura, não a antioxidante, mas apenas para lhe dar visual mais bonito e agradável. Essa pintura não se destina a conservar o equipamento, nem a aumentar a eficiência dele, mas a embelezá-lo. Tem um sentido apenas estético; é uma benfeitoria voluptuária.

Consideremos a hipótese de um inquilino, obrigado a fazer algumas modificações no prédio alugado. Um veio de água ameaçou a estabilidade do prédio e teve ele de fazer um dreno para o desvio da água. Foi esta uma benfeitoria necessária, porquanto o prédio pôde conservar-se intacto. Mais tarde, construiu ele outra garagem, dando ao prédio capacidade para abrigar dois carros. O prédio poderia permanecer sem essa nova garagem, mas veio ela aumentar a capacidade do imóvel. Foi uma benfeitoria útil. Noutra ocasião, montou um belo jardim, com flores ornamentais. Esse jardim não defendeu a integridade do imóvel nem lhe aumentou a capacidade de uso, mas ornamentou-o, tornando-o mais bonito. Foi uma benfeitoria voluptuária.

Após realizar essas três espécies de benfeitorias no imóvel de seu senhorio, o inquilino sofre ação de despejo. O inquilino, contudo, exige o ressarcimento dos investimentos feitos para a valorização do imóvel do senhorio, desde que feitos de boa-fé. Que direito lhe assiste? A solução deverá ser remetida ao Direito das Coisas, ou, mais precisamente, ao direito da posse. O possuidor de boa-fé tem direito à indenização das benfeitorias necessárias e úteis, podendo exercer o direito de retenção. Dá a entender que também as voluptuárias.

10. DOS BENS PÚBLICOS E PARTICULARES

10.1. Conceito e características

10.2. Tipos de bens públicos

10.1. Conceito e características

Embora nosso código classifique os bens, quanto ao titular do domínio, em públicos e particulares, os seus artigos sobre eles apenas tratam dos bens públicos. O estudo dos bens particulares ou privados fica então a cargo do Direito das Coisas. Sendo o Código Civil a lei básica do direito privado, não deveria dispor a respeito dos bens públicos, uma vez que eles são tratados pelos vários ramos do Direito Público, com variada legislação. É questão mais apropriada para o Direito Administrativo. Entretanto, como a questão é exposta no Código Civil e consta do programa de estudo do Direito Civil nas faculdades de direito, procuraremos fazer uma breve apreciação dos bens públicos.

Diz o art. 98 que são públicos os bens do domínio nacional pertencentes à União, aos Estados e aos Municípios. Todos os outros são particulares, seja qual for a pessoa a que pertencerem. Considera pois os bens privados por exclusão: os que não são públicos, são privados. Fala nossa lei em "bens" e não em "coisas", razão pela qual devamos entender sejam eles corpóreos e incorpóreos. Por domínio nacional entendemos os bens pertencentes ao Poder Público, ao Estado ou ao Erário, quer aos órgãos da administração direta, quer indireta, sejam eles nacionais, estaduais ou municipais. A questão é chamada, por isso, de "dominialidade pública".

O uso comum dos bens públicos pode ser gratuito, ou retribuído, conforme as leis da União, dos Estados, ou dos Municípios, a cuja administração pertencerem (art. 103). O pagamento de pedágio é um exemplo de retribuição pelo uso de uma estrada, um bem de uso comum. O mesmo ocorre com os ônibus da CMTC.

10.2. Tipos de bens públicos

Não é apenas o domínio que distingue o bem público do privado. É a finalidade desses bens, afetados ao serviço público, aos interesses dos cidadãos, da coletividade e não de algumas pessoas. É quanto às formas de servir ao interesse popular que os bens possuem tríplice divisão:

a — bens de uso comum do povo, tais como os mares, rios, estradas e praças — são esses os bens de domínio público, ou seja, usados indiscriminadamente por todas as pessoas. Apesar de serem de utilização genérica, o Poder Público pode permitir a utilização privativa por uma pessoa. É o que acontece com as barracas de feira pública, ou com bancas de jornais nas calçadas e praças públicas.

b — bens de uso especial, tais como os edifícios ou terrenos aplicados a serviço ou estabelecimento federal, estadual ou municipal — são os bens necessários ao funcionamento da máquina administrativa pública. São utilizados pelas respectivas repartições públicas a que pertencem. Quem utiliza esses bens não é o povo, mas o Governo. Por exemplo: o Palácio da Alvorada é um bem de uso especial da União, o Palácio dos Bandeirantes, do governo do Estado de São Paulo. Os edifícios em que funcionam os órgãos da Prefeitura Municipal de cada cidade são bens de uso especial do Município.

c — bens dominicais, isto é, os que constituem o patrimônio da União, dos Estados, ou dos Municípios, como objeto de direito pessoal, ou real de cada uma dessas entidades — esses bens, embora públicos, têm um caráter privado pois o Estado os assume sem ter necessidade deles. É chamado "dominical" porquanto o Estado exerce sobre eles o poder de "domínio", de proprietário. Importante característica deles é a disponibilidade, a alienabilidade. Outra característica deles é a rentabilidade, porquanto o Estado pode auferir renda com eles, denominada "receitas originárias". Entretanto, esses bens só perderão a inalienabilidade, que lhes é peculiar, nos casos e forma que a lei prescrever.

A forma de aquisição dos bens dominicais é bem variada. É o caso da herança vacante: quando alguém morre e ninguém reclama a herança, será ela adjudicada ao patrimônio público, constituindo um bem dominical. Outro caso são os terrenos de marinha, quer dizer, os localizados na faixa de terra contígua ao mar. Constituem ainda bens dominicais as terras devolutas; são as que foram cedidas a colonos para cultivo ou exploração, mas retornaram ao domínio do Estado.

Os bens públicos não estão sujeitos a usucapião.

11. DOS BENS "IN COMMERCIUM" E "EXTRA COMMERCIUM"

Entre as espécies de bens reciprocamente considerados, figuram os bens "em comércio" e "fora do comércio". Estavam eles previstos no antigo código, mas figuraram no novo. Talvez porque sejam considerados bens públicos, mas é possível que bens privados sejam incluídos nessa classificação. O Código Civil italiano também não os previu mas vem essa nomenclatura do direito romano e consta do código de vários países.

Preliminarmente, convém interpretar o termo "comércio" aplicado nesta questão. Sob o ponto de vista técnico-jurídico a que estamos nos referindo, estar em comércio é próprio da coisa que possa circular livremente, ser vendida e comprada, doada, enfim possa ser apropriada ou alienada por pessoas privadas. Ao revés, são bens fora do comércio as insuscetíveis de apropriação por pessoa privada e as legalmente inalienáveis.

Esses bens são de dois tipos:

A – bens insuscetíveis de apropriação

São os bens que, pela própria natureza delas, não podem ser objeto de relação jurídica entre pessoas privadas. São bens sociais, ou seja, destinados ao consumo comum de todas as pessoas, pela razão básica de que não podem ser fabricados, não são produtos industriais, vale dizer produzidos pelo ser humano, mas são produtos da natureza. Além disso, são imprescindíveis à vida humana; sem esses bens nenhum ser vivo poderá existir.

É o caso do ar, da água e da luz. Ninguém poderá apropriar-se desses bens, transformando-os em propriedade exclusiva, a não ser graças a atos de corrupção e violência. Não é possível fabricar água, nem destruí-la. Se alguém tornar-se dono da água ficaria com o mundo em suas mãos.

Outro tipo de bens inalienáveis e indisponíveis, embora não sejam corpóreos, é o dos atributos à personalidade humana. A vida, a honra, o nome, a liberdade individual, são todos bens inerentes à pessoa, insuscetíveis, pela própria natureza, de serem "comercializados".

B – bens legalmente inalienáveis

Trata-se de bens que, em virtude de lei proibitiva, não podem ser alienados, ou seja, objeto de relação jurídica entre pessoas privadas. É o caso de bens públicos de uso especial ou de uso comum do povo, como as praças e vias públicas. Por imposição da lei, esses bens destinam-se ao uso público, pois estão destinados aos interesses da sociedade. Os bens pertencentes a menores e interditos, bem como às fundações, podem ser incluídos como legalmente inalienáveis, porque a lei não permite a livre transação deles.

Pode ser também considerado como "extra commercium" o bem gravado com a cláusula da inalienabilidade. Não é a lei que impõe a inalienabilidade mas a vontade humana; essa vontade é tutelada pela lei. É comum em atos de última vontade, como o pai que deixa em testamento imóveis que não podem ser alienados pelos filhos e nem ser penhorados, a não ser pelos impostos relativos aos próprios imóveis.

Vamos repetir algumas informações já levantadas: bem é tudo aquilo que satisfaz às necessidades humanas, sejam corpóreos ou incorpóreos. Coisas também são bens, mas bens corpóreos e "em comércio".

12. DA DESCONSIDERAÇÃO DA PERSONALIDADE JURÍDICA

12.1. A pessoa e a personalidade jurídica

12.2. O mau uso da personalidade

12.3. A "disregard theory"

12.4. A reação à fraude e ao abuso

12.5. A previsão legal brasileira

12.6. A posição do judiciário

12.1. A pessoa e a personalidade jurídica

Uma das muitas e louváveis inovações do nosso novo Código Civil figura a "desconsideração da personalidade jurídica" da pessoa jurídica que for explorada por seus representantes legais para golpes em outras pessoas. Conforme a análise do art. 45, começa a existência legal das pessoas jurídicas de direito privado com a inscrição do ato constitutivo no respectivo registro. Quando se fala em pessoa jurídica podemos, neste caso, considerar todas elas; pode ser a sociedade simples, a sociedade empresária, a cooperativa, a associação, ou a fundação. Poderão ser também as associações corporativas, como os sindicatos e congêneres.

Assim sendo, ao ser registrada e recebendo a certidão de registro, a pessoa jurídica já tem existência legal, o que lhe dá a personalidade jurídica. Ela está apta a adquirir direitos e contrair obrigações. Com o registro, três aspectos vão-se realçar nela:
— capacidade patrimonial, vale dizer, ter patrimônio próprio;
— capacidade de atuar em juízo, quer como autor, quer como réu;
— capacidade de adquirir direitos e contrair obrigações.

Adquirindo a personalidade jurídica, terá ela existência própria e autônoma, o que a capacita ainda a possuir patrimônio próprio. A pessoa jurídica é constituída de duas ou mais pessoas, geralmente físicas, mas há possibilidade de haver pessoas jurídicas sócias de outra. Cada uma terá pois sua personalidade jurídica e patrimônio, que não se confundem nem se comunicam. Assim nos mostra o art. 52 do Código Civil: "aplica-se às pessoas jurídicas, no que couber, a proteção dos direitos da personalidade".

Entretanto, essa distinção ficou descartada em certos casos, mas em certos casos concretos a serem examinados cada um de "per se". Foi a introdução definitiva na legislação brasileira, da teoria da desconsideração da personalidade jurídica, chamada ainda de "disregard theory". Foi estabelecida pelo art. 50 do novo código, que transcrevemos:

"Em caso de abuso da personalidade jurídica, caracterizado pelo desvio de finalidade, ou pela confusão patrimonial, pode o juiz decidir, a requerimento da parte, ou do Ministério Público quando lhe couber intervir no processo, que os efeitos de certas e determinadas relações de obrigações sejam estendidas aos bens particulares dos administradores ou sócios da pessoa jurídica."

Analisando melhor este artigo, notaremos que a desconsideração da personalidade jurídica não se aplica genericamente mas "em caso de abuso da personalidade jurídica": só em casos concretos e específicos, devidamente comprovados. Quem decide é o juiz mas não "ex officio", o "jus petendi" pertence à parte interessada ou ao Ministério Público. O abuso pode ser perpetrado de duas maneiras indicadas pelo código: desvio de finalidade da pessoa jurídica ou confusão patrimonial. Trata-se de incidências exemplificativas porquanto a questão é bem mais complexa e comporta muitos outros casos. Os efeitos são os que comentaremos adiante, mas que significam a agressão ao patrimônio particular de dirigentes da pessoa jurídica se eles a fizerem exorbitar-se no desempenho de suas funções.

Na verdade, a teoria da desconsideração da personalidade jurídica não era estranha ao nosso direito. Já tinha sido ela instituída pela jurisprudência e mesmo na legislação, graças ao Código de Defesa do Consumidor e à Lei do Abuso do Poder Econômico. Todavia, são leis específicas e só por analogia estendia-se a outros campos do direito. Havia dúvidas se ela podia ser aplicada fora das transgressões ao CDC ou à LAPE. Agora porém, o art. 50 do novo código não deixa mais dúvidas; a "disregard theory" está implantada em nossa lei, de forma ampla e geral. Foi sugestivo progresso em nosso direito, reclamado desde há muitos anos.

12.2. O mau uso da personalidade

A autonomia patrimonial, ou seja, a dualidade da personalidade jurídica da sociedade e de seu sócio tem sido por demais explorada, para ensejar fraudes ou abuso de direito. Muitos espertalhões encontraram na autonomia patrimonial um esquema para enriquecer-se, isentando-se das sanções que normalmente adota a lei para atos fraudulentos. Constituem então uma sociedade e esta pratica uma série de falcatruas, responsabilizando-se por seus atos. Enquanto isso, os sócios que dirigem a sociedade saem ilesos dessas responsabilidades, auferindo as vantagens dos atos sociais.

A utilização da sociedade como escudo tornou-se muito vulgar na área falencial, ensejando o surgimento e desenvolvimento da "indústria de falências". É golpe já bem vulgarizado em São Paulo e Rio de Janeiro, mas está se espalhando pelo Brasil. Essa aventura é bem conhecida: alguns espertalhões constituem uma sociedade e com ela contraem muitas obrigações, levantando empréstimos, adquirindo bens e formando um patrimônio efêmero. Em seguida, pedem concordata, suspendendo os pagamentos.

No período da concordata, os bens vão sendo vendidos e o dinheiro desaparecendo sob múltiplas formas. Não sendo cumprida a concordata, a falência é decretada. Ao fazer-se a arrecadação para a composição da Massa Falida, constata-se que a sociedade não possui mais patrimônio algum. Desaparece também a documentação contábil, apurando-se que se tratava de pessoa jurídica fantasma, a famosa "arara". Às vezes, os empresários que manobravam essa sociedade fantasma nem mesmo colocavam seu nome no registro, utilizando "laranjas".

O processo falimentar é normalmente lento e dentro de quatro anos os crimes falimentares são considerados prescritos. Saem os "arareiros" enriquecidos e livres de qualquer sanção. Na verdade, a Lei Falimentar, malgrado seja antiquada, confusa e omissa, não assegura impunidade aos criminosos; arrumou-se um jeito de deturpar a letra e o espírito da lei, fazendo com que as sanções recaiam sobre a sociedade falida e não sobre os dirigentes que a levaram à falência.

Ora, uma sociedade não pode ser mandada para a prisão e portanto não haverá sanções penais para os crimes cometidos em seu nome. Na área civil, assume ela a responsabilidade por todos os prejuízos causados a terceiros. Como entretanto o patrimônio dela esvaiu-se, não poderá haver reparação dos danos causados.

12.3. A "Disregard Theory"

Um desses subterfúgios provocou porém ampla reação: foi o caso da Salomon Brother, numa questão movida por Salomon contra Salomon & Co. O fato deu-se na Inglaterra, mas maior repercussão teve nos EUA. Urgia uma medida contra a fraude e o abuso de direito que grassavam na exploração de uma sociedade por seus dirigentes. Foi quando em várias partes do mundo, EUA, Itália e Alemanha começou a elaboração de uma nova doutrina, designada como "Disregard Theory", "Disregard Doctrine" ou "Disregard of legal entity".

Essa doutrina propugna pela desconsideração da personalidade jurídica de uma sociedade quando esta for utilizada para se perpetrar fraude ou abusos de direito. Assim sendo, se a Justiça notar que alguém fez uso de uma pessoa jurídica para prejudicar terceiros auferindo vantagens, embora com licitude aparente, poderá desconsiderar a personalidade jurídica dessa sociedade, transferindo suas responsabilidades aos dirigentes que a usaram.

Não se trata a "Disregard Doctrine" de anulação da personalidade jurídica mas uma medida de sua defesa. Não afronta ela o art. 45 de nosso Código Civil. Visa a preservar a personalidade jurídica da sociedade, evitando que ela colha sanções destruidoras de sua sobrevivência. Transferindo essas sanções para a pessoa daqueles que a infelicitam, a "Disregard Theory" recompõe o patrimônio ferido da sociedade vitimada.

12.4. A reação à fraude e ao abuso

Ao avolumar-se a onda de golpes fraudulentos contra a economia coletiva, movidos por pessoas inescrupulosas, que se ocultavam sob uma pessoa jurídica, começou o movimento de reação contra essa prática. Na Itália, Alemanha, França, Argentina e principalmente EUA, foram-se elaborando doutrinas de interpretação do abuso da personalidade jurídica das sociedades mercantis. Receberam nomes próprios em cada país:
– Superamento della personalità giuridica, na Itália;
– Durchgriff der juristischen personen, na Alemanha;
– Mise à l'écart de la personalité morale, na França;
– Teoria de la penetración, na Argentina;
– Disregard Theory, Disregard of legal entity, ou Disregard Doctrine, nos EUA.

Foi porém nos EUA que a "Disregard Doctrine" se consolidou, ingressando na legislação de forma definida e esquematizada. Deu ela aos magistrados norte-americanos os instrumentos necessários para atingir a responsabilidade pessoal de empresários espertalhões, quando estes causavam prejuízos a outrem em benefício próprio, servindo-se porém da sociedade que lhes pertencia. Em vez de servir-se do tradicional "testa de ferro", também chamado "homem de palha", que os franceses apelidaram de "pretê-nom" (empresta o nome), e nossa gíria forense chama de "laranja", utilizam uma sociedade mercantil fazendo-a praticar fraudes.

Nos dias de hoje a desconsideração da personalidade jurídica está sedimentada em todos esses países; a reação brasileira é posterior. Está em nosso direito positivo, de forma clara e insofismável no art. 28 do Código de Defesa do Consumidor e no art. 18 da Lei do Abuso do Poder Econômico. Antes mesmo dessas disposições legais, a posição do Poder Judiciário já se revelara a favor da nova doutrina, como veremos adiante.

O professor da Universidade de Pisa, Piero Verrucoli, em publicação denominada "Superamento della Personalità Giuridica delle Società di Capitali nella "Common Law" e nella "Civil Law", defendeu a superação da personalidade jurídica da sociedade mercantil (embora só falasse nas sociedades de capitais e não nas de pessoas). Restringiu entretanto a aplicação a cinco motivos:

1 – realização direta dos interesses estatais, como tributários e políticos;

2 – repressão da fraude à lei;

3 – repressão da fraude ao contrato;

4 – interesses de terceiros se forem lesados por fraudes na constituição da sociedade ou elaboração do contrato;

5 – realização dos interesses dos sócios *ut singoli*.

Como se observa, Verrucoli alarga mais as incidências, para além da fraude e abuso do direito. Esse parecer deve ter influenciado o direito brasileiro, pois nossa reação adota maior amplitude; o "caput" do art. 28 do Código de Defesa do Consumidor também aponta cinco razões e ainda estende a doutrina aos casos de insolvência.

12.5. A previsão legal brasileira

Apesar da vigência do art. 45 do Código Civil, a "Disregard Doctrine" começou a entrar no direito brasileiro pelo "Código de Defesa do Consumidor" (Lei 8.078/90), sob o aspecto legislativo, uma vez que na jurisprudência já se notava sua invocação. Para facilitar os comentários, será conveniente transcrever o artigo em apreço:

Capítulo IV – Seção V
DESCONSIDERAÇÃO DA PERSONALIDADE JURÍDICA

Art. 28 – O juiz poderá desconsiderar a personalidade jurídica da sociedade quando, em detrimento do consumidor, houver abuso de direito, excesso de poder, infração da lei, fato ou ato ilícito ou violação dos estatutos ou contrato social. A desconsideração também será efetivada quando houver falência, estado de insolvência, encerramento ou inatividade da pessoa jurídica provocados por má administração.

§ 1º – (Vetado.)

§ 2º – As sociedades integrantes dos grupos societários e as sociedades controladas, são subsidiariamente responsáveis pelas obrigações decorrentes deste Código.

§ 3º – As sociedades consorciadas são solidariamente responsáveis pelas obrigações decorrentes deste Código.

§ 4º – As sociedades coligadas só responderão por culpa.

§ 5º – Também poderá ser desconsiderada a pessoa jurídica sempre que sua personalidade for, de alguma forma, obstáculo ao ressarcimento de prejuízos causados aos consumidores.

Veio depois indicada a "Disregard of legal entity" na Lei 8.884/94 sobre infrações contra a ordem econômica, adotando no art. 18 disposição bem semelhante à do art. 28 do Código de Defesa do Consumidor:

> "A personalidade jurídica do responsável pela infração da ordem econômica poderá ser desconsiderada quando houver por parte deste abuso de direito, excesso de poder, infração da lei, fato ou ato ilícito ou violação dos estatutos ou contrato social.
>
> A desconsideração será efetivada quando houver falência, estado de insolvência, encerramento ou inatividade da pessoa jurídica provocados por má administração".

Da legislação surgida, vamos notar que muitas razões poderão provocar a aplicação da "Disregard Doctrine" ou desconsideração da personalidade jurídica, além dos casos da doutrina original:
– abuso de direito;
– excesso de poder;
– infração da lei;
– fato ou ato ilícito;
– violação do estatuto ou contrato social.

Os casos de aplicação são ainda ampliados quando houver falência, estado de insolvência, encerramento ou inatividade da sociedade, provocados por má administração. Naturalmente, a legislação refere-se apenas a casos em que a vítima seja um consumidor, ou quando se tratar de crime contra a ordem econômica. Poder-se-á entretanto apelar para a analogia e estender a desconsideração da personalidade jurídica para outras áreas semelhantes, sendo mesmo possível na área falimentar.

Os vários parágrafos do art. 28 colocam no âmbito da desconsideração as sociedades controladas, as sociedades integrantes de grupos societários, as consorciadas e as coligadas. Nesse caso, o sócio de uma sociedade mercantil é outra sociedade mercantil. O grupo de sociedades está previsto na Lei das S/A. Uma sociedade pode ser a principal acionista de outra e uma delas pode causar prejuízos a seus consumidores. Ao responder por esses prejuízos, constata-se que seu patrimônio foi diluído;

neste caso, o patrimônio da controladora ou da controlada ficará sujeito à penhora.

Não muito tempo depois, a reação contra a utilização de uma sociedade em benefício do sócio reforçou-se com a Lei do Abuso do Poder Econômico (Lei 8.884/94). O art. 18 dessa lei alarga a aplicação da "Disregard Theory" a uma gama muito vasta de casos, elencados nos arts. 20 e 21 da mesma lei, em muitos incisos, mais precisamente 28.

Esses casos agrupam-se em aspectos vários, como domínio irregular do mercado, cerceamento à livre concorrência ou livre iniciativa, crimes contra a propriedade intelectual das empresas.

Nota-se que a redação desse artigo traz muito do correspondente artigo do Código de Defesa do Consumidor. O segundo parágrafo desse artigo é de enorme amplitude, pois uma sociedade mercantil que não pode responder por suas responsabilidades já é insolvente. Esse artigo é pois de aplicação quase total. Além disso, no caso de falência, não especificam ambos os artigos se a personalidade jurídica da sociedade jurídica da sociedade é desconsiderada apenas em casos de consumidor ou infração à ordem econômica. Ainda que não sejam interpretados extensivamente, a analogia faz o alargamento aos demais casos.

Além dessas duas reações bem frontais, já se tinham notado no Brasil alguns brados de alerta. A Justiça do Trabalho vinha apresentando várias medidas judiciais de superamento da pessoa jurídica, não só determinando penhora de bens particulares dos empresários que utilizam sua empresa em proveito próprio lesando terceiros, mas até mesmo decretando a prisão deles.

Outra área em que a responsabilidade pessoal dos sócios de uma sociedade mercantil pelos atos que praticassem por via da sociedade foi atingida, é a tributária. O CTN – Código Tributário Nacional estabeleceu claramente essa responsabilidade nos arts. 134 e 135 nas obrigações tributárias resultantes de atos praticados com excesso de poderes ou infração da lei, contrato social ou estatutos. A linguagem adotada pelo CTN tem alguma semelhança com a dos recentes dispositivos sobre a "Disregard Theory".

A Lei das S/A faz distinção entre a S/A e a figura de seu administrador, deixando bem clara a desconsideração da personalidade jurídica no art. 265. Não julgamos porém que essa distinção tenha base na "Disregard Theory" pois cuida apenas da personalidade jurídica do acionista-controlador ante à da sociedade que ele dirige. Os casos de fraude ou "ultra vires societatis" cobertos pela "Disregard Theory" envolve operações triangulares: sociedade-administrador-terceiros.

Por outro lado, os dois artigos comentados estendem a aplicação da teoria de superamento à área falimentar ou em casos em que a atividade de uma empresa forem suspensas por má administração. Neste caso a desconsideração é levada muito adiante, pois não implica fraude ou abuso de direito nessa "má administração". Além disso, a desconsideração está omitida na Lei Falimentar, que agora deverá sofrer alteração para conformar-se ao novo direito brasileiro.

12.6. A posição do judiciário

Nossos tribunais sempre foram avessos à aceitação da "Disregard Doctrine", também chamada por alguns juízes de "doutrina de penetração". Baseavam-se no art. 20 do Código Civil, que é lei vigente, e não cabe ao juiz fazer lei mas aplicá-las. Agora porém a doutrina ingressou na lei, com o Código Brasileiro de Defesa do Consumidor e com a Lei do Abuso do Poder Econômico. Embora seja legalmente aplicada a casos específicos, pode-se estendê-la a outros casos semelhantes, por influência da analogia. Por que só é aplicada quando o interesse do consumidor seja afetado e não o de outras vítimas? Não vigora mais o princípio de que todos são iguais perante a lei?

Naturalmente, a entrada da "Disregard of legal entity" em nossa legislação é por demais recente e ainda não temos decisões jurisprudenciais aplicando a analogia a outros casos e o princípio da isonomia.

Os próximos passos apresentam a tendência da incorporação dessa doutrina ao nosso direito.

Entretanto, já se notava a aceitação de se desconsiderar a pessoa jurídica em relação à pessoa de quem se oculta sob ela e que a utiliza fraudulentamente. Tomaremos por base o Egrégio Tribunal de Justiça de São Paulo, com várias decisões, repelindo a aplicação da doutrina em casos nos quais não foram bem caracterizados os fatores de fraude ou abuso de direito. Entretanto, seguindo o consagrado princípio jurídico de que "proibir o abuso é consagrar o uso", os próprios acórdãos consagraram a desconsideração da personalidade jurídica se por ventura fossem constatadas fraudes ou então abuso de direito: passou ela a ser olhada com simpatia.

Vejamos, por exemplo, a decisão do TJSP em 14.06.94, ao julgar a Apelação 239.606-2/1 (RT. 711/117):

Deduzindo-se dos autos que a atividade da sociedade foi mal administrada, dando azo ao seu encerramento irregular, tudo com finalidade de fugir à responsabilidade de tais atos, fica a personalidade jurídica desconsiderada, a fim de que a penhora recaia sobre os bens dos sócios".

Um ano antes, a opinião de nossa principal corte estadual tinha esposado já a "Disregard", em decisão de 27/10/93:

> "A teoria da desconsideração da personalidade jurídica ou doutrina de penetração, busca atingir a responsabilidade dos sócios por atos de malícia e prejuízo. A jurisprudência aplica essa teoria quando a sociedade acoberta a figura do sócio e torna-se instrumento de fraude".

Em decisão mais recente (RT. 713/138), nosso Tribunal reconhece a aplicação da "Disregard" nas disposições do art. 10 do Decreto 3.708/19, que regulamenta a sociedade por quotas de responsabilidade limitada. Todavia, alarga ainda mais a aplicação da desconsideração da personalidade jurídica para outros casos, conforme se vê na ementa desse acórdão:

> "Havendo abuso da personalidade jurídica, esta pode ser desconsiderada para, no caso concreto, admitir-se a responsabilidade pessoal, solidária e ilimitada dos sócios pelas dívidas da sociedade, independente das hipóteses do art. 10 do Dec. 3.708/19".

Vemos no acórdão retro referido, que a doutrina não se aplica de forma genérica, mas a "casos concretos", vale dizer, devendo ser examinado cada caso per si. As hipóteses do art. 10 ocorrem quando os sócios de uma sociedade mercantil agirem com excesso de mandato, ou quando pratica atos com violação do contrato ou da lei. Mais precisamente: se a sociedade for levada pelo sócio a praticar um ato proibido legalmente, como por exemplo, o saque de uma duplicata simulada, ato capitulado como crime em nosso Código Penal. Outro caso seria se o sócio fizesse a sociedade realizar uma transação que o contrato social não aprova por ser estranha ao objeto social; é violação do contrato. Um caso em que o sócio tenha agido com excesso de mandato seria o de um sócio-quotista, não gerente, assinar um compromisso em nome da sociedade, outro seria o caso de um sócio-gerente dar um aval ou uma fiança, quando o contrato social não aprovar essa concessão.

Pela emenda desse acórdão, a "Disregard" aplica-se a outros casos, de forma genérica, portanto, em campo muito largo. Além dessa abrangência, o acórdão considera a responsabilidade pessoal do sócio faltoso, como solidária e ilimitada, ainda que se trate de sociedade de responsabilidade limitada.

Por outro lado, nossa jurisprudência manifesta moderação em aplicar a "Disregard Doctrine", limitando sua área e realçando a personalidade jurídica da sociedade. Não visa essa doutrina anular a personalidade jurídica da sociedade, mas preservá-la. O instituto da personalidade jurídica está realçado em nosso ordenamento jurídico. A personalidade jurídica de uma sociedade e sua distinção da personalidade dos sócios que a compõem não é arredado em nosso direito; apenas ela "desconsidera" para certos efeitos e em determinados casos, em "fatos concretos" como diz a ementa. Vamos transcrever na íntegra a ementa a que estamos nos referindo:

> "A aplicação da "Disregard Doctrine", a par de ser salutar meio para evitar a fraude via utilização da pessoa jurídica, há de ser aplicada com cautela e zelo, sob pena de destruir o instituto da pessoa jurídica e olvidar os incontestáveis direitos da pessoa física. Sua aplicação terá que ser apoiada em fatos concretos que demonstrem o desvio da finalidade social da pessoa jurídica, com proveito ilícito dos sócios". (RT. 673/160).

Podemos deduzir dos quatro acórdãos examinados que nossa jurisprudência, consentânea com a doutrina da "Disregard Theory", adota os seguintes pontos básicos:

1 – deve ser aplicada só a casos concretos;

2 – a personalidade jurídica da sociedade fica preservada;

3 – só deve ser invocada quando os sócios utilizarem da sociedade com má-fé, comprovando-se fraude ou abuso de direito ou afronta à lei;

4 – a responsabilidade dos sócios é solidária e ilimitada.

13. DOS FATOS E NEGÓCIOS JURÍDICOS

13.1. Fato jurídico

13.2. Negócio jurídico

13.3. O agente incapaz

13.4. Interpretação da vontade

13.1. Fato jurídico

Fato ou fenômeno é tudo o que acontece na natureza: o nascer do sol, a chuva, o nascimento de uma árvore, um acidente, um ato praticado por alguém. Um fato será jurídico se penetrar na órbita do direito, isto é, se provocar modificações no universo jurídico. Examinemos uma hipótese: um raio atinge uma árvore e a derruba. Trata-se de um fato natural, sem conotação jurídica direta. É apenas um fato; não um fato jurídico.

Digamos, entretanto, que o proprietário de um carro o tenha estacionado debaixo da árvore e esse carro estivesse garantido por apólice de seguro. Ao derrubar a árvore, o raio provocou a queda desta em cima desse carro segurado, danificando-o. Esse fato criou para o proprietário do carro o direito de exigir da companhia seguradora a indenização pelos danos, conforme o contrato de seguro celebrado entre ambos. Trata-se agora de um fato jurídico, pois provocou transformações jurídicas. Fato jurídico é aquele ao qual a lei atribui efeitos jurídicos.

Os fatos jurídicos não são apenas os fatos da natureza, mas também os humanos. O nascimento de uma pessoa não é apenas um fato da natureza, mas também um fato humano. O nascimento dá ao nascido uma série de direitos, conforme tínhamos estudado no exame da capacidade civil. A morte é também um fato da natureza e igualmente um fato jurídico humano: gera direitos e obrigações aos herdeiros. Alguém completa 18 anos de idade: é um fato jurídico, por ter produzido efeitos jurídicos na personalidade do maior. A maioridade penetrou no universo jurídico.

Os fatos jurídicos constituem a causa da relação jurídica, pois são eles que vinculam o sujeito ativo ao sujeito passivo. A lei é abstrata e não prevê os fatos; prevê apenas os efeitos jurídicos que determinado fato possa causar. Por exemplo: diz o art. 2° que a personalidade civil do homem começa do nascimento com vida. Essa consideração é abstrata, pois a lei não se refere a quem nasceu ou venha a nascer. Desde que haja o fato, vale dizer, o nascimento de alguém, estabelece-se a relação jurídica. Aplica-se, na questão, o silogismo seguinte:

Premissa maior: a personalidade civil do homem começa do nascimento com vida;
Premissa menor: João de Souza nasceu com vida;
Conclusão: João de Souza adquiriu a personalidade civil.

13.2. Negócio jurídico

Vamos considerar agora os atos jurídicos. Ato vem de ação, agente, agir, acionar. É a manifestação da vontade humana. O ato jurídico não acontece; é praticado. Ele tem um agente: aquele que o pratica. Representa uma ação humana; não é da natureza. Temos uma definição de ato jurídico dada pelo art. 81 do antigo Código Civil: Todo o ato lícito, que tenha por fim imediato adquirir, resguardar, transferir, modificar ou extinguir direitos, se denomina ato jurídico.

Diz esse artigo "ato lícito". Não se pode admitir que um ato ilícito tenha por fim imediato criar direitos. O ato jurídico é fruto da vontade humana. Um evento involuntário não constitui ato jurídico, embora seja um ato humano. O nascimento e a morte de uma pessoa não são atos jurídicos, pois ninguém "quer" nascer ou morrer. São fatos jurídicos humanos, mas não atos. O ato jurídico é praticado pelo agente, visando a ocasionar efeitos jurídicos; é essa a vontade do agente. Negócio jurídico é o ato jurídico bilateral, vale dizer, que gera obrigações recíprocas.

A validade dos negócios jurídicos requer agente capaz, objeto lícito e forma prescrita ou não proibida pela lei. São os elementos essenciais do negócio jurídico (*essentialia negotii*). Por que exige a lei que o agente do negócio, o praticante, tenha capacidade civil? É porque ele precisa ser juridicamente capaz de manifestar sua vontade e cumprir os compromissos que voluntariamente assumiu. Há, portanto, em todo ato jurídico o fator "vontade", que a lei não declara expressamente, mas revela em várias de suas disposições.

O segundo requisito essencial, levantado pelo art. 104, é o de que seja lícito o objeto do negócio jurídico. Portanto, não se inclui entre os atos jurídicos o ato ilícito, embora este último possa ser voluntário e humano. A vontade no negócio jurídico é tão forte que ela exerce opções ao escolher o objetivo para os efeitos jurídicos tutelados pelo direito. Recapitulando o que acabamos de ver, os fatos humanos podem ser simplesmente fatos, ou negócios; estes são voluntários e aqueles independem da vontade individual. Além disso, nem todas as ações humanas constituem atos jurídicos, mas só aquelas que estiverem em conformidade com o ordenamento legal.

Oriunda do direito alemão, desenvolveu-se no Brasil a tendência de chamar de "negócio jurídico" a emissão de vontade em que o agente de uma ação tenha por objetivo produzir efeitos jurídicos tutelados pela lei. Consideram os adotantes da nova denominação ser esta de maior rigor jurídico e de significado mais restrito, evitando confusões de sentido, como acontece com a expressão "ato jurídico". O ato involuntário não deixa de ser ato; o ato ilícito igualmente. Assim sendo, o termo "ato" tem sentido muito abrangente, como seus cognatos: ação, agente, ativo, agir, ativar e outros.

13.3. O agente incapaz

A incapacidade de uma das partes não pode ser invocada pela outra em proveito próprio, salvo se for indivisível o objeto do direito ou da obrigação comum. Após apontar, no art. 104, os elementos essenciais (*essentialia negotii*) do ato jurídico, a saber, agente capaz, objeto lícito, determinado ou determinável e forma prescrita ou não proibida pela lei, nosso código passa a regulamentar a questão.

Ao estabelecer um vínculo obrigacional com um incapaz, a contraparte age com culpa *in eligendo* e *in vigilando*; em vista de sua falta de cuidados e prudência, não poderá opor depois defesa baseada na incapacidade das pessoas com quem contrata. Não se aplica essa disposição para com um coobrigado do incapaz ou co-participante do objeto de direito. Assim, quem estabeleceu um contrato no mesmo pólo de um incapaz, sem saber do pormenor, poderá argüir a incapacidade do co-contratante.

É possível, contudo, que um negócio jurídico seja praticado por um incapaz, gerando os efeitos desejados pelo ato. Dá-se então esse negócio pelo fenômeno de representação, da ação de um incapaz graças a uma pessoa capaz. Pela representação, não se dá a emissão de vontade diretamente pela pessoa interessada no negócio de emissão da vontade, mas indiretamente, por parte de outra pessoa que legalmente a represente. Existem diversos tipos de representação, mas nos apegamos aqui à representação legal, também chamada de necessária.

As pessoas absolutamente incapazes serão representadas pelos pais, tutores, ou curadores em todos os atos jurídicos; as relativamente incapazes, pelas pessoas e nos atos que este código determina. Absolutamente incapazes, são os menores de 16 anos. Fizemos deles algumas explanações neste compêndio. O representante legal do absolutamente incapaz é o pai, e na falta deste a mãe. Na falta dos pais, a justiça poderá dar ao incapaz um tutor que faça o papel do pai, ou um curador para os negócios a serem praticados, em sentido geral.

Pessoas relativamente incapazes podem praticar alguns negócios livremente e outros mediante certas condições. O representante legal do relativamente incapaz é geralmente o pai e, na ausência deste, a mãe. Entretanto, será determinado pela lei ou pela justiça. Segundo o art. 4º, são incapazes, relativamente a certos atos, ou à maneira de os exercer: os maiores de 16 anos e os menores de 18 anos. O pródigo terá como seu representante legal a pessoa que a justiça determinar como seu curador. Os silvícolas serão representados perante a sociedade brasileira pela FUNAI, consoante conjunto de normas atualmente em vigor.

A representação do incapaz atende a relevante interesse social, humano e jurídico. Às vezes, o incapaz necessita de praticar um ato em seu interesse, para não ser prejudicado. Por exemplo: um incapaz é proprietário de um imóvel desapropriado pelo Poder Público a preço inferior; precisa discutir seus interesses contrariados e se encontra juridicamente tolhido pela incapacidade. Necessita então de um representante, de acordo com a lei, para que possa agir. Aplica-se a representação legal comumente no Direito de Família.

13.4. Interpretação da vontade

Nas declarações unilaterais de vontade se atenderá mais à sua intenção que ao sentido literal da linguagem (art. 112). Pressupõe essa disposição que, muitas vezes, a manifestação de vontade do sujeito nem sempre é clara, quer por expressão corporal quer pela linguagem. A manifestação de vontade pode ser unilateral ou pela celebração de um contrato. Em ambos os casos, pode haver conflito de interpretações. É o que também ocorre nos tratados internacionais, para cuja interpretação foi criado um órgão próprio: a Corte Internacional de Justiça, sediada em Haia, na Holanda.

A vontade expressa-se quase sempre por meio de palavras. Se existe perfeita eqüipolência, equivalência entre o que está na mente humana e sua tradução em palavras, a vontade foi claramente traduzida pelas palavras. Se houver clareza, não há necessidade de interpretação: "In claris cessat interpretatio". Nem sempre ocorre essa equivalência, pois as palavras traem a intenção de quem as pronuncia, donde o sentido do brocardo italiano: "Traduttore, traditore". Impõe-se, por conseguinte, interpretar a expressão verbal. A vontade do sujeito será mesmo aquilo que ele disse?

A interpretação dos negócios jurídicos é o exame da manifestação de vontade, pela linguagem que a representa, para se averiguar a equivalência, ou seja, se a linguagem equivale à vontade. Nosso direito confere maior valor à vontade do que à linguagem. Todavia, não estabelece os parâmetros para essa interpretação, ficando a cargo da doutrina e da jurisprudência. Vamos encontrar, porém, alguns critérios sobre a questão, em nosso código, principalmente no tangente aos contratos. Por analogia, podemos aplicar à interpretação dos atos jurídicos unilaterais (ou manifestações unilaterais de vontade) os mesmos critérios aplicados aos atos jurídicos bilaterais (contratos). Idêntico procedimento adota o Código Civil italiano, nos arts. 1.362 a 1.371, ao prescrever normas para a interpretação dos contratos, não prevendo normas para a interpretação da manifestação unilateral de vontade.

Diz o art. 114 que os negócios jurídicos benéficos e a renúncia interpretar-se-ão estritamente. Devemos estender esse modo de interpretação a todos os contratos e aos atos unilaterais, restringindo o significado das palavras, evitando-se alongamento e generalizações. A hermenêutica do contrato de fiança também não admite interpretação extensiva, consoante o art. 819.

Outros códigos foram mais minuciosos, estabelecendo regras de hermenêutica jurídica para as manifestações de vontade. Essas regras são aplicáveis ao nosso direito, de tal forma que podemos nos valer do direito comparado, para encontrarmos modos de interpretação. O Código Civil francês, por exemplo, nos arts. 1.156 a 1.164, estabeleceu diversos fundamentos para a interpretação dos contratos: intenção comum das partes, efeitos que produzem as cláusulas dúbias, natureza do contrato, costumes, comparação com outras cláusulas, aplicação da boa-fé e o comportamento das partes na execução do contrato.

O Código Civil italiano, em capítulo denominado "Da interpretação do contrato", compreendendo os arts. 1.362 a 1.371, preconiza semelhantes fundamentos: interpretação de boa-fé, comparação das cláusulas, costumes, acordo com a natureza do contrato, interpretação contra o autor da cláusula. O fundamento primordial, entretanto, encontra-se no art. 1.362, ou seja, o modo de comportamento do sujeito, antes e depois da celebração do contrato. Com atos concretos, o sujeito demonstra qual era e é sua intenção, havendo pois as bases objetivas e concretas do que está em sua mente:

Intenzione dei contratanti	Intenção dos contratantes
Nell interpretare il contratto si deve indagare quale sia stata la comune intenzione delle parti e non limitarsi al senso letterale delle parole.	Na interpretação do contrato, deve-se indagar qual tenha sido a comum intenção das partes e não limitar-se ao sentido literal das palavras.
Per determinare la comune inten-zione delle parti, si deve valutare il loro comportamento complessivo anche posteriore alla conclusione del contratto.	Para determinar a comum intenção das partes, deve-se avaliar o comportamento delas, mesmo posterior à conclusão do contrato.

14. DOS DEFEITOS DOS NEGÓCIOS JURÍDICOS

14.1. A vontade nos negócios jurídicos

14.2. Erro ou ignorância

14.3. Dolo

14.4. Coação

14.5. Simulação

14.6. Fraude contra credores

14.7. Estado de perigo

14.8. Lesão

14.1. A vontade nos negócios jurídicos

De acordo com o que já foi declarado várias vezes, o pressuposto essencial do negócio jurídico é a vontade do agente, isto é, de quem pratica o ato. Todo ato jurídico corresponde a uma emissão de vontade. A vontade, por sua vez, tem um atributo essencial, que é a liberdade. Urge pois que a manifestação de vontade seja livre e consciente, que seja escorreita. O processo volitivo consta normalmente de três fases: deliberação, decisão e execução. Na deliberação, o espírito do agente formula hipóteses e compara idéias; na decisão opera-se a opção por uma das idéias, com a mente humana chegando à posição de dizer: "eu quero"; na execução, coloca em prática o que decidiu, vale dizer, "age".

Vezes há, entretanto, que a emissão de vontade apresenta-se como defeituosa. A vontade foi perturbada por fatores internos ou externos do agente. Numa declaração de vontade, será possível que nem vontade exista. Por exemplo, uma pessoa assinou um contrato de fiança, pensando que estava assinando uma procuração. Outras vezes, o agente pratica conscientemente um ato, mas visando a um fim malévolo, ainda que não delituoso. Um homem embriagado, sob efeito de drogas ou por uma pane mental momentânea, pratica atos de que vem a saber só posteriormente. Defeitos vários e de tipos diversos poderão inquinar um ato jurídico, podendo provocar a anulação deste. Esses vícios são normalmente classificados em duas categorias: vícios de consentimento e vícios sociais.

Vícios de consentimento — São fatores psicológicos que pressionam o agente a manifestar vontade que não existe em sua mente. Ao fazer uma declaração de vontade, o agente está mal conduzido mentalmente, de tal modo que a vontade que ele declarou não é realmente aquela que está no seu consciente. Não há eqüipolência entre o que está no interior da pessoa e o que foi para o exterior. Há uma vontade defeituosamente declarada. Nosso código prevê três vícios de consentimento: erro ou ignorância, dolo, coação.

Vícios sociais — Outros defeitos do ato jurídico conservam a equivalência, a conformidade entre a vontade real e a vontade declarada. Podem ser psicologicamente perfeitos. Entretanto, são dirigidos para efeitos anti-sociais, ou seja, para causar prejuízos a outrem. Não são atos criminosos, senão deixariam de ser atos jurídicos, para serem ilícitos. O ato jurídico com vício social está visando a um resultado socialmente condenável. A desconformidade não está entre o ato jurídico e a vontade, mas entre esta e a lei ou a moral. O defeito não afeta a vontade, mas o ato em si. Nosso código previu dois vícios sociais: a simulação e a fraude contra credores.

14.2. Erro ou ignorância

Age ora com erro, ora com ignorância, o sujeito que faz uma declaração de vontade, por ter sido enganado em sua boa-fé. Pratica um ato jurídico por ter-se baseado num pressuposto falso, mas não teria praticado um ato se soubesse qual era o pressuposto verdadeiro. É o caso da pessoa que assinou um contrato de fiança, pensando que estava assinando uma procuração, porque ambos os instrumentos lhe foram apresentados juntos. Outro caso constante de erro acontece com quem assina um contrato de adesão ou contrato-tipo, com uma infinidade de cláusulas com letras minúsculas, que distorcem a própria natureza do contrato. Por exemplo: um contrato de formação de pecúlio de previdência privada, contendo a venda de um telefone. Outro caso semelhante: cliente de uma empresa de serviços médicos assinou uma guia de internação hospitalar, em que continha também a venda de seu telefone.

Consideram-se dois tipos de erro: acidental e principal. Acidental é um erro superficial que não invalida totalmente o ato jurídico. O erro substancial atinge a substância, a essência da coisa ou do ato, de tal maneira que o agente não teria praticado o ato se conhecesse o erro. O erro substancial inquina a validade do ato. São anuláveis os atos jurídicos, quando as declarações de vontade emanarem de erro substancial. Considera-se erro substancial o que interessa à natureza do ato, o objeto principal da declaração, ou alguma das qualidades a ele essenciais. Tem-se igualmente por erro substancial o que disser respeito a qualidades essenciais da pessoa, a quem se refira a declaração de vontade. Vamos encontrar então, 4 tipos de erro:

a — quanto à natureza do ato (*error in negotio*);

b — quanto ao objeto principal da declaração (*error in substantia*);

c — quanto às qualidades essenciais ao objeto (*error in corpore*);

d — quanto às qualidades essenciais da pessoa (*error in persona*).

a — Erro quanto à natureza do ato (*error in negotio*) — É o já citado caso da assinatura de um contrato de fiança em vez de uma procuração. Houve erro quanto à natureza do contrato.

b — Erro quanto ao objeto principal de declaração (*error in substantia*) — É a compra de gato por lebre. Um agricultor compra uma fazenda com laranjais e ao tomar posse dela verifica ser uma plantação de eucaliptos.

c — Erro quanto às qualidades essenciais ao objeto (*error in corpore*) — É a falta da qualidade atribuída a um bem. Por exemplo: uma garrafa de vinho da safra de 1965 que, ao ser provado, revelou ser de safra recente, ou uma boiada de gado zebu por caracu.

d — Erro quanto às qualidades essenciais da pessoa (*error in persona*) — Acontece no momento em que se realiza um ato jurídico com uma pessoa que não corresponde à sua identidade ou não tem as qualidades essenciais. É o caso de um contrato de mandato, em que um cliente outorga procuração a um advogado e depois vem a saber que não era advogado. Ocorre com freqüência no Direito de Família: um pai registra um filho e depois vem a saber que não é ele o pai; a noiva casa-se e depois vem a saber que o marido é um impotente, homossexual, alcoólatra ou padece de um mal incurável; houve erro da noiva num ato *intuitu personae*. Diga-se, aliás, que o art. 1.557 estabelece, quanto ao casamento, a seguinte disposição: é anulável o casamento, se houver por parte de um dos nubentes, ao consentir, erro essencial quanto à pessoa do outro.

Outros erros ainda são apontados pelo nosso direito, em leis variadas. A transmissão errônea da vontade por instrumento, ou por interposta pessoa (núncio), pode argüir-se de nulidade nos mesmos casos em que a declaração direta. Essa transmissão errônea da vontade poderá ser, por exemplo, por um telegrama, um telex, um fax, uma carta, cujo significado tenha sido truncado. Ou então, se foi a manifestação de vontade mal transmitida ou recebida, por ter sido por um núncio.

É conveniente relevar que não é qualquer erro que poderá eivar o ato de anulabilidade ou nulidade. É preciso que o erro seja substancial, isto é, afete a essência do ato ou do objeto da declaração. Deve ser também escusável, vale dizer, que não seja gritante, mas sutil. O erro na indicação da pessoa ou coisa, a que se referir a declaração de vontade, não viciará o ato, quando, por seu contexto e pelas circunstâncias, se puder identificar a coisa ou pessoa cogitada. Além disso, o erro deve ser claro, objetivo e causa direta da prática de um ato. Só vicia o ato a falsa causa, quando expressa como razão determinante ou sob forma de condição.

14.3. Dolo

O dolo é um ardil, uma manobra maliciosa, pela qual uma pessoa consegue arrancar de outra um ato jurídico que lhe traga proveito, em detrimento do agente. O praticante do ato jurídico emite uma vontade por ter sido embaído em sua boa-fé. É o caso de alguém que compra um carro "guariba", designação que se dá a um veículo preparado externamente para ser vendido em bom estado, mas que logo revela impossibilidade de funcionamento.

Não há muita diferença entre o erro e o dolo, pois este é uma modalidade de erro. Mas o dolo é um erro maliciosamente introduzido no comportamento da vítima, fazendo-a praticar um ato que a prejudica. O agente agiu por erro, mas esse erro resultou de uma trama visando a enganá-lo. Não nos referimos aqui ao dolo considerado no Direito Penal; o dolo civil é genérico e se aplica a todos os ramos do direito.

O Código Penal define o dolo penal, mas o dolo civil não se encontra conceituado na lei. Entretanto, considera o art. 145 o dolo como um vício da vontade, submetendo o ato jurídico a possível anulação. Os atos jurídicos são anuláveis por dolo, quando este for a causa. Embora não o faça diretamente, nosso código revela um conceito de dolo, ao falar nos dois tipos dele: o dolo principal (*dolus dans*) e o dolo acidental (*dolus accidens*). O dolo principal é o que acarreta a anulabilidade do ato, por ter sido a causa determinante desse ato. O dolo acidental só obriga à satisfação das perdas e danos. É acidental o dolo, quando a seu despeito o ato se teria praticado, embora por outro modo. Vemos então que o dolo principal anula o ato e o acidental não o anula; diferem eles pelos efeitos que produzem. Em outro aspecto, acidental é o dolo que não impede o ato, mas daria a ele outra versão, enquanto o dolo principal foi a causa determinante do ato.

Contudo, considera a lei como dolo a omissão do agente doloso, silenciando a respeito de fator essencial da coisa, qualidade dela ou de pessoas, quando a honestidade e a lealdade impunham essa revelação. Nos atos bilaterais, o silêncio intencional de uma das partes a respeito de fato ou qualidade que a outra parte haja ignorado, constitui omissão dolosa, provando-se que sem ela não se teria celebrado o contrato. Cuida-se aqui de um contrato, vale dizer, um ato recíproco entre o autor do dolo e o prejudicado. O ato praticado pelo prejudicado teve o dolo como causa, pois se a verdade aparecesse antes, o ato não teria sido praticado. Um contrato celebrado nessas condições poderá ser anulado.

É o que aconteceria com a venda de um imóvel que acabara de ser desapropriado, ou de uma boiada cujas reses foram contaminadas pela febre aftosa.

É possível, entretanto, que ambas as partes procedam dolosamente. É a operação entre o lobo e a raposa. Se ambas as partes procederem com dolo, nenhuma pode alegá-lo para anular o ato, ou reclamar indenização. Aplica-se nesse caso o tradicional princípio de que ninguém pode alegar em seu favor a própria torpeza (*nemo propriam turpitudinem allegans*). Portanto, se cada parte de um ato bilateral cometeu um ato torpe, ambas devem sofrer as sanções por isso. Não se trata de uma compensação, mas sanção por atos recíprocos. É atingida também a pessoa que pratica atos por representantes. O dolo do representante de uma das partes só obriga o representado a responder civilmente até a importância do proveito que teve. Se o dolo não for do representante, mas de um terceiro, tendo trazido proveito para um, a dano de outrem, e era sabido pela parte beneficiada, poderá haver anulação do ato.

14.4. Coação

Da mesma forma que o dolo, a coação visa a levar o agente à prática de um ato jurídico não desejado por ele. Porém, é levado a agir erradamente, não por um ardil, mas por sofrer violenta pressão. Essa pressão pode ser física (*vis absoluta*) ou psicológica (*vis compulsiva*). A coação física se dá nos casos de assalto: o agente entrega dinheiro, jóias ou outros valores, ou até assina recibo de que vendeu as jóias, porque está com revólver ou punhal encostado nas costas.

É preciso que a coação seja séria, irresistível, colocando o coato na posição de sofrer danos marcantes se não praticar o ato. A coação, para viciar a manifestação da vontade, há de ser tal, que incuta ao paciente fundado temor de dano à sua pessoa, à sua família, ou a seus bens, iminente e igual, pelo menos, ao receável do ato extorquido (art. 98). É o caso do pagamento feito em decorrência do seqüestro de uma pessoa, conforme ocorre comumente neste país. Necessário ainda que ela seja injusta. Não se considera coação a ameaça do exercício normal de um direito, nem o simples temor reverencial. Assim, o medo de desgostar os pais ou outras pessoas que exerçam influência sobre o coato não é suficiente para caracterizar o dolo. Nem tampouco o exercício regular de um direito, como a ameaça de protesto de um título.

No apreciar a coação, ter-se-á em conta o sexo, a idade, a condição, a saúde, o temperamento do paciente e todas as demais circunstâncias, que lhe possam influir na gravidade. É portanto muito subjetivo o julgamento do grau de coação. Dependerá, pois, do grau de ameaça e pressão feita pelo coator sobre o coato, até que ponto a coação foi a causa do ato, qual o tipo de pessoa coagida, o justo receio de danos, até onde pode ser ela injusta, o grau da iminência ou atualidade, se a coação contou com a colaboração de terceiros e outras circunstâncias.

É possível que seja a coação exercida por terceiros, inclusive por autoridades públicas, como a polícia. Apresentam-se, nesse caso, duas situações: o beneficiado tem conhecimento dela ou não tem. Haverá então efeitos diferentes para cada hipótese. Se a coação exercida por terceiro for previamente conhecida à parte, a quem aproveite, responderá esta solidariamente com aquele por todas as perdas e danos. Se a parte prejudicada com a anulação do ato não soube da coação exercida por terceiro, só este responderá pelas perdas e danos.

14.5. Simulação

A simulação é um ato jurídico bilateral, em que ambas as partes praticam um ato aparentemente perfeito, mas cujos efeitos não são os desejados por elas. Não há equivalência entre a intenção das partes e a declaração da vontade delas. É o caso do pai que vende um imóvel para o filho preferido, mas, na verdade, não passa de doação. A vontade do pai é dar, mas na aparência vende. A vontade do filho é ganhar, mas na aparência compra. É comum ver-se um marido prestes a separar-se simular dívidas, para perturbar a partilha.

O art. 167 indica três hipóteses de ocorrência de simulação. A primeira se dá com um ato jurídico que aparenta conferir ou transferir direitos a pessoas diversas das a quem realmente se conferem ou transmitem. Exemplo desse inciso é o do pai que vende um imóvel para interposta pessoa e esta o transfere ao filho do vendedor. Visam, tanto o vendedor como o comprador, enganar terceiros, isto é, os demais filhos do vendedor.

O segundo inciso prevê o ato jurídico que contenha declaração, confissão, condição ou cláusula não verdadeira. É o caso da doação que aparenta uma venda. Ou, então, a assinatura de uma nota promissória sem que tenha havido motivo para sua emissão: é uma falsa confissão de dívida, como se houvesse um empréstimo simulado de dinheiro. Ouve-se comumente falar em duplicata simulada. É a duplicata sacada por uma empresa contra outra, sem que tenha havido venda de mercadoria de uma para outra. Não houve contrato de compra e venda, nem nota fiscal e nem fatura. Entretanto, há a duplicata, que depois é descontada num banco, que será o terceiro prejudicado.

A terceira hipótese observa-se quando os instrumentos particulares forem antedatados, ou pós-datados. Por exemplo: marido e mulher que pretendem divorciar-se sem terem completado três anos de separação. Forjam por isso documentos com data anterior aos fatos a que se referem esses documentos. Uma empresa, em vias de pedir concordata, tem uma nota promissória a pagar a um amigo do empresário que a dirige; entretanto, substitui essa nota promissória por outra posterior, para coincidir nos 15 dias anteriores ao pedido de concordata. Facultará assim ao amigo mutuante pedir a devolução do empréstimo.

Há diversos pressupostos no processo simulatório. A simulação não será considerada defeito em qualquer dos casos antecedentes, quando não houver intenção de prejudicar a terceiros, ou de violar disposição de lei. Se os terceiros tiverem seus créditos pagos e não forem prejudicados, não terão base para reclamar do ato. Há, pois, dois pressupostos importantes: o prejuízo que o ato simulado tenha causado a terceiros, ou então que a lei tenha sido burlada, embora geralmente a lei seja burlada para causar prejuízos a alguém, mormente o fisco. Circunstância em que a simulação destina-se a violar a lei, por exemplo, é a da compra e venda de um imóvel, com a declaração de preço bem abaixo do real. Visa essa simulação de preço a sonegar impostos, burlando a lei específica do tributo.

Aplica-se ainda a esse vício social (não há na simulação vício do consentimento) o princípio de que ninguém pode alegar a própria torpeza em seu benefício. Tendo havido intuito de prejudicar a terceiros ou infringir preceito de lei, nada poderão alegar, ou requerer os contraentes em juízo quanto à simulação do ato, em litígio de um contra o outro, ou contra terceiros. Todo ato que visa a prejudicar terceiros ou burlar a lei é um ato torpe; não pode vir em defesa do faltoso: *nemo propriam turpitudinem allegans*.

Como não podem os participantes da simulação alegar a irregularidade do ato, não poderão requerer a nulidade do ato simulado. Poderão demandar a nulidade dos atos simulados os terceiros lesados pela simulação, ou os representantes do poder público, a bem da lei, ou da fazenda. Se a simulação visa a violar dispositivo legal, principalmente para lesar o fisco, é natural que o Estado seja parte legítima para a declaração de nulidade do ato simulado.

14.6. Fraude contra credores

Imaginemos (mas é um fato que acontece com freqüência): um cidadão possui, perante a comunidade em que vive, bom conceito financeiro. Mora ele em casa própria há vários anos, tem uma casa na praia, boas contas bancárias e ficha cadastral em bancos. É empresário bem considerado, pois seu estabelecimento apresenta bom movimento. É proprietário de vários imóveis. Tem assim fama de ser possuidor de vasto patrimônio. Dentro de nossa mentalidade geral e segundo princípio do direito, o patrimônio gera o crédito, por constituir garantia para potenciais credores. Graças a esse conceito, o cidadão em apreço assume várias dívidas junto a bancos e outras pessoas, que sabem estar concedendo créditos garantidos pelo patrimônio de seu devedor.

Após formar vultoso passivo, esse cidadão hipoteca sua casa, para garantir um pretenso crédito para com um amigo. Aliena ou onera seus imóveis. Celebra contratos onerosos para ele; paga antecipadamente algumas dívidas ou faz abatimentos delas. Faz doação de um apartamento ao seu filho. Agindo dessa forma, esse cidadão carregado de dívidas foi desfalcando seu patrimônio, prejudicando aparentemente a si mesmo, reduzindo-se à insolvência.

Quando vencem seus débitos, está ele desfalcado de seu patrimônio e não os paga. Os credores executam seus créditos e o oficial de justiça não encontra bens que possam garantir esses créditos. Descobrem então os credores que foram vítimas de uma fraude. A assunção de dívidas e o desbaratamento do patrimônio do devedor constituíram um ardil para que ele e outros comparsas pudessem enriquecer em detrimento dos credores. Resta então aos credores requererem à justiça a anulação ou ineficácia dessas transações fraudulentas, fazendo com que os bens retornem ao patrimônio do devedor, a fim de garantirem o pagamento dos débitos. Essa ação revogatória das alienações fraudulentas de bens é também chamada de Ação Pauliana, por ter sido prevista pelo jurisconsulto romano Paulo.

Esses fatos narrados fazem parte do que o direito brasileiro chama de fraude contra credores. É bom salientar que esse instituto difere da fraude à execução. Não se confunde, também, a ação pauliana com a ação revogatória do Direito Falimentar. Os atos de transmissão gratuita de bens, ou remissão de dívidas, quando os pratique o devedor já insolvente, ou por eles reduzido à insolvência, poderão ser anulados pelos credores quirografários como lesivos aos seus direitos. Só os credores que já o eram, ao tempo desses atos, podem pleitear-lhes a anulação (art. 158). Serão igualmente anuláveis os contratos onerosos do devedor insolvente, quando a insolvência for notória ou houver motivo para ser conhecida do outro contraente (art. 159).

Vamos esmiuçar melhor a questão. A alienação de bens só será considerada fraudulenta e abusiva se for feita por um devedor insolvente. Se ele mantiver alguns bens que garantam a dívida, ou se as pagar, não há fraude, pois não há prejuízos aos credores (*eventus damni*). A fraude só pode ser argüida pelos credores quirografários, isto é, sem garantia especial. Um credor cujo crédito esteja garantido por penhor ou hipoteca não poderá queixar-se do esvaziamento do patrimônio do devedor. Implica ainda a fraude apenas para os créditos anteriores. Os créditos concedidos a um cidadão que já tenha dissipado seus bens não autorizam a Ação Pauliana. Presume-se que os credores posteriores deveriam conhecer o estado de insolvência, antes da concessão de créditos.

Há outros atos fraudulentos além dos acima citados. Presumem-se fraudatórias dos direitos de outros credores as garantias de dívidas que o devedor insolvente tiver dado a algum credor (art. 163). Presumem-se, porém, de boa-fé e valem os negócios ordinários indispensáveis à manutenção de estabelecimento mercantil, agrícola ou industrial do devedor (art. 164). Se um devedor tem muitas dívidas e onera seus bens para garantir a dívida de um credor privilegiado por ele, desfalcou o patrimônio que era garantia comum a todos os credores.

A Ação Pauliana contra esses atos poderá ser intentada contra o devedor insolvente, a pessoa que com ele celebrou a estipulação considerada fraudulenta, ou terceiros adquirentes que hajam procedido de má-fé (art. 161). Haverá dois réus na Ação Pauliana: o devedor insolvente que tenha alienado ou onerado os bens e a pessoa a favor de quem foi feita a alienação ou oneração. Digamos que Júlio Paulo vendeu a Emilio Papiniano: ambos serão atingidos pela Ação Pauliana. Se Emilio Papiniano já tiver vendido o bem para Herênio Modestino, este só será atingido se tiver procedido de má-fé, cujo ônus da prova caberá ao terceiro prejudicado pela fraude. Mesmo que se utilizem desse recurso para deixar o bem fora de possível seqüestro, Júlio Paulo e Emilio Papiniano responderão por perdas e danos.

Resta a hipótese da transação incompleta, ou seja, o pagamento do preço ainda não se efetuou. Se o adquirente dos bens do devedor insolvente ainda não tiver pago o preço e este for aproximadamente o corrente, desobrigar-se-á depositando-o em juízo, com citação edital de todos os interessados (art. 160). Nesse caso, porém, melhor será o adquirente dos bens cancelar a transação, ao invés de pagar e sujeitar-se a um possível processo de anulação.

Se a fraude não constou da alienação de bens, mas do pagamento de uma dívida não vencida a um credor quirografário, este ficará obrigado a repor, em proveito do acervo de bens do devedor, os valores que tenha recebido (art. 162). Vê-se assim que, com o êxito da Ação Pauliana, anulando os atos fraudulentos, a vantagem resultante reverterá em proveito do acervo de bens do devedor, recompondo o patrimônio deste, para que possa aumentar a garantia de todos os credores. Se, em vez de alienação, houver gravames, como penhor, hipoteca ou anticrese, serão eles anulados, ficando os bens livres de gravames.

14.7. Estado de perigo

Introduzido pelo art.156 do novo código, o estado de perigo era mais chamado de estado de necessidade, embora seja diferente. É o caso da pessoa que premida pela fome furta alimentos; praticou ato ilegal por estar em estado de necessidade. Pode-se discutir se ele estava em estado de perigo de vida, ou seja, de morrer de fome.

Configura-se o estado de perigo quando alguém, premido da necessidade de salvar-se, ou a pessoa de sua família, de grave dano conhecido pela outra parte, assume obrigação excessivamente onerosa. Tratando-se de pessoa não pertencente à família do declarante, o juiz decidirá segundo as circunstâncias.

O estado de necessidade estava previsto nos arts. 23 e 24 de nosso Código Penal, mas o estado de perigo, aplicado na órbita civil apresenta características diferentes, de tal forma que se constitui em instituto próprio. Não é que a pessoa em estado de perigo pratique um crime, mas assume obrigações difíceis de serem cumpridas, a tal ponto que não teria assumido se estivesse em outra situação. Esse estado de perigo deve ser conhecido pela outra parte do negócio jurídico, o que denota ter-se aproveitado do estado de desespero de quem celebrou o negócio jurídico.

Não diz nosso código quais seriam os efeitos jurídicos dessas obrigações, se foram nulas ou anuláveis ou sujeitas a restrições especiais, dizendo apenas que "o juiz decidirá segundo as circunstâncias". É o caso do empresário acossado por credores, à iminência da bancarrota, desespera-se e realiza operações ruinosas para conseguir dinheiro momentâneo, mas caracterizador de suicídio lento. A Lei de Falências, no art. 2º, II, retrata essa situação em que o empresário caracteriza-se como falido se "procede a liquidação precipitada ou lança mão de meios ruinosos ou fraudulentos para realizar pagamentos".

O novo código abre responsabilidade para a parte sabedora do "grave dano" da outra, que a leva a contrair obrigações ruinosas, em benefício de quem se prevalece dessa situação. Por sua vez, a parte prejudicada procura evitar um mal iminente, um perigo atual e inevitável, ou salvar algum direito ou alguns bens, transferindo o problema para o futuro, em malefício de seu bem futuro ou dos interesses alheios. Falta-lhe em ocasião semelhante o "poder de barganha" e o equilíbrio nas conversações. Acreditamos por isso que o negócio jurídico realizado em estado de perigo seja anulável, nos termos do art.138.

14.8. Lesão

Trata-se agora de um estado de perigo elevado a maiores conseqüências. Ocorre a lesão quando uma pessoa, sob premente necessidade ou por inexperiência, se obriga a prestação manifestamente desproporcional ao valor da prestação oposta. Deve acontecer principalmente em contratos de prestações recíprocas e comutativos. A lesão se observa em contratos que se tornaram "leoninos". Aliás, o conceito de contrato leonino é exatamente esse: em que uma das partes "se obriga a prestação manifestamente desproporcional ao valor da prestação oposta", como diz o art. 157.

O termo é de origem etimológica latina: "laesio" = prejuízo, dano, ferimento. Exemplo frisante é o termo "lesão corporal". Não causar danos a outrem já fora previsto num dos mais sugestivos princípios jurídicos, consubstanciado na máxima de Ulpiano: "honeste vivere, neminem laedere, suum cuique atribuere" = viver honestamente, a ninguém prejudicar, atribuir a cada um o que é seu. Se na antiga Roma, "a ninguém prejudicar" já era afronta ao direito, deve mesmo esse princípio ser materializado em nossa lei.

No direito norte-americano, o contrato deve apresentar três requisitos: a oferta, a aceitação e a "consideration". Esta última expressão, para a qual ainda não se adotou equivalente em nosso idioma, significa essa eqüidade, que fica ferida quando em negócio jurídico uma parte sofre prejuízo porque a prestação que recebe não está em proporção daquela que cumpriu. Foi o negócio jurídico a que faltou o que o direito norte-americano chamam de "consideration" e, como tal, pode ser anulado.

Ressalte-se que a lesão, como o estado de perigo, é tratada no capítulo dos defeitos do negócio jurídico. É preciso pois que seja um defeito, um vício do negócio jurídico, em que a parte prejudicada tenha sido induzida, pela premente necessidade, a realizar operações lesivas a seus interesses. Tem que haver portanto vício de consentimento; não há lesão se a parte prejudicada realizou apenas um "mau negócio", sem que estivesse premida pelas circunstâncias. Igualmente se levado por razões subjetivas cumprir prestação desigual. É o caso de uma senhora baiana, residente há muitos anos em São Paulo, que fez promessa a Nosso Senhor do Bonfim, se o filho fosse salvo de um acidente, de adquirir a casa em que ela nascera, em Salvador. Como o então proprietário da casa não estava propenso a abrir mão de sua propriedade, exigiu preço extorsivo. Nesse caso, a compradora não poderia reclamar prejuízo pela diferença de preço, pois a valorização do imóvel foi provocada pelo colorido afetivo de sua vontade e não por pressões externas.

Não se decretará a anulação do negócio jurídico, se for oferecido suplemento suficiente, ou se a parte favorecida concordar com a redução do proveito. É a presença da eqüidade para ambas as partes. A menos que tenha agido de forma francamente dolosa, a parte favorecida poderá atenuar o prejuízo causado, garantindo assim a validade do negócio jurídico.

Aprecia-se a desproporção das prestações segundo os valores ao tempo em que foi celebrado o negócio jurídico. É possível que a anulação do negócio jurídico viciado seja pedida algum tempo após, por várias razões, como por exemplo, se a desproporção for constatada posteriormente. Pode ser que no decorrer desse tempo o valor de ambas as prestações tenha-se alterado. Se a parte beneficiada quiser propor a redução do proveito obtido, ou oferecer adicional ao valor pago, deverá ser com base no valor das prestações, contatado na ocasião em que o negócio jurídico tenha sido celebrado.

15. DA CONDIÇÃO, DO TERMO E DO ENCARGO

15.1. Elementos acidentais dos atos jurídicos

15.2. A condição

15.3. Espécies de condição

15.4. O termo

15.5. O encargo

15.1. Elementos acidentais do negócio jurídico

Tínhamos examinado os elementos essenciais (essencialia negotii) do negócio jurídico, como sendo aqueles que o direito fulmina de nulidade se não forem observados. São em número de três: agente capaz, objeto lícito e forma prescrita ou não proibida pela lei.

Examinaremos agora os elementos acidentais do negócio jurídico (accidentalia negotii). São aqueles cuja falta não anula o negócio jurídico, mas lhe dão certos matizes. São elementos facultativos, porque não são necessários à validade do negócio jurídico. Se forem, porém, introduzidos no negócio jurídico tornam-se obrigatórios e a inobservância deles tirará a eficácia do negócio jurídico.

É o caso de uma fundação. O instituidor de uma fundação faz doação de um patrimônio, que será afetado a um determinado fim, como manter um hospital. Se esta condição não for cumprida, a doação tornou-se nula, pois faltou-lhe então um elemento essencial. Vemos então o principal elemento acidental do negócio jurídico: a condição. Os outros dois são o termo e o encargo. Há outros elementos acidentais de menor importância e mais raros. A condição, o termo e o encargo não são estabelecidos pela lei, mas resultaram da vontade unilateral do agente do negócio jurídico ou de acordo entre as partes.

15.2. A condição

A condição é a cláusula inserida num negócio jurídico, que subordina a eficácia dele ao implemento dessa condição. A condição deriva exclusivamente da vontade das partes, subordinando o efeito dele a evento futuro e incerto. É o exemplo, já citado, da fundação. É também o caso da faculdade que se compromete a dar o diploma ao aluno, com a condição de ele passar nos exames. E a loteria esportiva: o jogador ganhará o prêmio se acertar a previsão dos jogos.

Conceito legal de condição nos é dado pelo art.121 do código: "considera-se condição a cláusula que, derivando exclusivamente da vontade das partes, subordina o efeito do negócio jurídico a evento futuro e incerto". Veja-se, não só no conceito mas nos exemplos dados, que o evento terá que ser futuro e incerto. São os elementos essenciais da condição: a incerteza e o futuro. Não pode ser fato passado.

São lícitas, em geral, todas as condições não contrárias à lei, à ordem pública e aos bons costumes. Entre as condições proibidas incluem-se as que privarem de todo efeito o negócio jurídico, ou o sujeitarem ao puro arbítrio de uma das partes. Trata-se de condições potestativas, assim chamadas as que dependem da vontade de uma só das partes. Veda, ainda, nosso código o estabelecimento de condições que sacrifiquem excessivamente uma parte, impossibilitando o atendimento dela. São chamadas ainda de condições "leoninas", pois a parte do leão fica com uma e a do cordeiro com a outra.

A legalidade é a característica básica da condição; não pode o direito permitir o que seja contra ele. Por isso, o art.123 diz que invalidam os negócios jurídicos que lhes são subordinados as condições ilícitas ou as de fazer coisas ilícitas. Assim por exemplo, impor a condição de uma pessoa divorciar-se ou casar com uma pessoa já casada; seria crime contra a liberdade individual ou obrigar alguém a praticar bigamia. Qualquer ato ilícito fica vedado de constituir condição.

Fala também o código da invalidade de condição física ou juridicamente impossíveis, quando suspensivas. Não vemos muita diferença entre "juridicamente impossível" e ilícita. Condição juridicamente impossível seria a de obrigar um menor a vender imóvel de sua propriedade: é impossível pois o próprio cartório se recusaria a fazer a escritura. Não deixaria também ser ilícita essa condição, visto que está em desacordo com o ordenamento jurídico. Outro exemplo será o de um casamento realizar-se perante a Junta Comercial; se esse órgão não tem competência para tanto, será impossível implementar essa condição. Se a Junta Comercial realizar esse ato, terá cometido um ato ilegal, ou pelo menos inválido.

Fisicamente impossíveis são as ações superiores às forças humanas, como, por exemplo, plantação de ovos, ou construir um edifício em um mês. O critério para os negócios jurídicos com a condição fisicamente impossível: invalida-os como se fossem juridicamente impossíveis, por ser leonina. Surge entretanto uma dúvida: invalida todo o negócio jurídico, ou conserva válidas outras cláusulas que não estejam inquinadas desses vícios. Um contrato de trabalho que obrigue o empregado a carregar peso superior às suas forças impõe condição fisicamente impossível. Esse contrato é nulo ou apenas a condição seja viciada. É questão discutível, devendo ser interpretado cada caso. Vamos ainda analisar um contrato de corretagem, em que o corretor se obriga a vender vários imóveis, entre eles um que não pertence ao vendedor, ou um imóvel situado no meio do mar. Seria nulo esse contrato ou seria válido quanto aos outros imóveis? Ao que tudo indica, a condição subordina a venda de todos os imóveis, pelo que será inválido o contrato.

Não se considera condição a cláusula que não decorre exclusivamente da vontade das partes, porquanto cabe a elas estabelecerem as condições incluídas no negócio jurídico, graças à declaração de vontade. É o caso de condições que derivam da própria natureza do negócio jurídico. Vamos citar alguns exemplos: no contrato de seguro a companhia seguradora promete ressarcir os danos causados ao segurado por um incêndio. O cumprimento dessa promessa depende de um evento futuro e incerto: o incêndio. Não é porém uma condição pois não foi incluída pelas partes. Decorre da natureza do contrato ou da lei. Outro exemplo: o senhorio aluga imóvel ao inquilino, com a condição de que este lhe pague aluguel mensal; será inócua essa condição, porque a locação exige a contraprestação do aluguel, sem o que não seria locação.

Ao titular do direito individual, nos casos de condição suspensiva ou resolutiva, é permitido praticar os atos destinados a conservá-la. Como é direito sujeito a confirmação no futuro, o titular desse direito poderá lançar mão de medidas cautelares para evitar a deterioração desse direito, provocada pela outra parte.

15.3. Espécies de condição

A condição pode ser de duas espécies: suspensiva ou resolutiva.

Condição suspensiva

Também chamada de expressa ou tácita, a condição suspensiva é a que subordina a aquisição do direito só quando ela for adimplida. Subordinando-se a eficácia no negócio jurídico à condição suspensiva, enquanto esta não se verificar, não se terá o direito a que ele visa. É o caso do pai que diz ao filho: "eu te dou meu carro mas você só entrará na posse dele no momento em que você entrar na faculdade". Destarte, o filho só terá o direito de propriedade sobre o carro se cumprir sua promessa de entrar na faculdade; adimpliu sua promessa e tornou-se dono do carro.

Se alguém dispuser de uma coisa sob condição suspensiva, e, pendente esta, fizer quanto à condição suspensiva novas disposições, estas não terão valor realizada a condição se com ela forem incompatíveis. Assim diz o art. 126, que entretanto soa de forma um pouco confusa. Vamos entretanto situar essa disposição num exemplo, É o caso acima referido: o pai doou o carro a seu filho, se ele entrar na faculdade, mas logo em seguida o pai contraiu uma dívida e deu esse carro em penhor dessa dívida. Fez portanto nova disposição. Se o filho entrar na faculdade, o penhor cessará.

Vamos examinar outro exemplo: um clube promete prêmio especial aos seus atletas se eles ganharem o campeonato. A obrigação de pagar o prêmio está em suspenso; só se efetivará quando os atletas ganharem o campeonato. Antes que isso ocorra, o clube muda a condição suspensiva: em vez de dar o prêmio dará uma medalha. Se os atletas conquistarem o campeonato, a mudança do prêmio pela medalha perde seu valor.

Condição resolutiva

"Contrariu sensu", a condição resolutiva dá fim aos efeitos do negócio jurídico. Se for resolutiva a condição, enquanto esta não se realizar, vigorará o negócio jurídico, podendo exercer-se, desde o momento desse negócio jurídico, o direito por ele estabelecido. É o caso do pai que deu o carro a seu filho sob condição resolutiva; se ele não entrar na faculdade, o negócio jurídico se desfaz e o filho terá que devolver o carro. Todavia, o filho adquiriu o direito ao carro desde o momento do acordo entre pai e filho.

Sobrevindo a condição resolutiva extingue-se, para todos os efeitos, o direito que a ela se opõe. O filho entrou na faculdade, cessou o direito do pai em pedir o carro de volta, pois o negócio jurídico resolveu-se.

Porém, se a condição resolutiva tiver sido colocada em negócio jurídico de execução continuada ou periódica, a sua realização, salvo disposição em contrário, não tem eficácia quanto aos atos já praticados, desde que compatíveis com a natureza da condição pendente e conforme aos ditames da boa-fé. Será o caso do contrato de aluguel de um imóvel, em que haverá a redução de 10% no valor do aluguel se o inquilino perfurar um poço. O inquilino abre o poço dez meses depois da celebração do contrato de aluguel e daí por diante terá o desconto. Entretanto, os nove meses que ele já pagou não estarão sujeitos a esse desconto.

A condição resolutiva da obrigação pode ser expressa ou tácita; operando, no primeiro caso, de pleno direito, e por interpelação judicial no segundo. Portanto, se houver cláusula claramente expressa num contrato ou em outro instrumento, supõe-se que haja concordância das partes, não havendo o que discutir. Se a cláusula não estiver expressa, haverá necessidade de interpelação judicial para que ela fique expressa. Entretanto, invalidam o negócio jurídico as condições incompatíveis ou contraditórias; por isso a justiça só pode considerar cláusulas que possam causar leve equívoco, ou se houve realmente causa para a rescisão do negócio jurídico.

É possível que a parte interessada use de subterfúgios desonestos ou maliciosos para evitar que a condição se perfaça. Reputa-se verificada, quanto aos efeitos jurídicos a condição cujo implemento for maliciosamente obstado pela parte a quem desfavorecer. O código prevê assim sanções a quem impedir por malícia ou dolo o implemento da condição. Por exemplo: o clube prometeu "bicho" especial aos atletas se eles conquistarem o título, mas requer judicialmente a suspensão do campeonato. A sanção que receberá é a consideração de que a condição se verificou, e neste caso perdeu o clube o direito de se opor ao pagamento.

Da mesma forma vai-se verificar em caso contrário. Ao invés de impedir o implemento da condição, a parte a realiza, de forma dolosa ou maliciosa. Nesse caso, considera-se a condição como não realizada. Naturalmente, o ônus da prova cabe à parte prejudicada. Deve ser provada a malícia, pois se houve incompetência ou imperícia da parte causadora do incidente, sem malícia ou dolo, não se aplicam essas disposições.

Vimos então que as condições pertencem a dois tipos principais: suspensiva, tratada nos arts. 127 e 128, e a resolutiva, prevista no art. 129. Todavia, outros tipos há, pois são muitas as condições e de variados tipos. A própria lei as considera. Divide-se ainda em condições fisicamente impossíveis e juridicamente impossíveis. Ao falar em condições sujeitas ao arbítrio de uma das partes, o art. 122 refere-se à condição leonina ou potestativa, o que nos faz concluir que normalmente a condição não é leonina, mas eqüitativa.

15.4. O termo

Outra modalidade de negócio jurídico é aquele submetido a termo, ou seja, a um tempo, a um período. Por exemplo: o empréstimo no qual vencerão juros e correção monetária 60 dias após sua celebração. A obrigação de pagar tem um "termo inicial", também chamado "dies a quo". É termo suspensivo, pois a eficácia do negócio jurídico começa nele, não na celebração dele. O "termo final" ou "dies ad quem" faz terminar os efeitos dos negócios jurídicos. É um termo extintivo. O mutuante acima referido adquiriu o direito de cobrar juros, mas o termo inicial apenas suspendeu o exercício dele. O termo inicial suspende o exercício mas não a aquisição do direito. Apresenta por isso, semelhança com a condição suspensiva, só que esta não se subordina ao tempo.

O art. 132 estabelece alguns critérios para a contagem de um prazo. Computam-se os prazos excluindo o dia do começo e incluindo o do vencimento; se este cair em feriado, considerar-se-á prorrogado o prazo até o seguinte dia útil. Considera-se mês o período sucessivo de 30 dias completos. Deste modo, uma obrigação assumida em 5 de abril, para cumprimento em 90 dias, vencer-se-á em 5 de julho. Todavia, o Direito Cambiário não adota esse critério, contando os dias, um por um. Meio mês é o período de 15 dias, mesmo que seja em fevereiro ou nos meses de 31 dias. Os prazos por hora contar-se-ão de minuto a minuto.

Consoante o art. 133, nos contratos a prazo se presume em favor do devedor, se o prazo for omisso ou apresentar dúvidas. Não se aplica essa vantagem ao devedor nas cláusulas contratuais em que tenham sido estabelecidos prazos seguros e claros em favor do credor, ou de ambos os contraentes. Não se aplica também se do teor do instrumento ou das circunstâncias, resultar que se estabeleceu a benefício do credor, ou de ambos os contratantes.

Assim acontece também com os testamentos; presume-se o prazo a favor dos herdeiros, a menos que se deduza em contrário do teor do testamento ou das circunstâncias.

Os negócios jurídicos entre vivos, sem prazo, são exeqüíveis desde logo, salvo se a execução tiver de ser feita em lugar diverso ou depender de tempo (art. 134). É norma semelhante à adotada para os títulos de crédito; se não for aposto vencimento, será então à vista.

Prevê entretanto a lei muitas exceções, ao fazer a ressalva: "salvo se a execução tiver de ser feita em lugar diverso ou depender de tempo". Por exemplo: um empreiteiro comprometeu-se a montar o telhado de uma casa; entretanto, essa casa não foi ainda construída, devendo esperar até a possibilidade de cumprimento da obrigação.

Ao termo inicial e final aplicam-se, no que couber, as disposições relativas à condição suspensiva e resolutiva.

15.5. O encargo

O encargo representa uma obrigação imposta a outra parte, favorecida num negócio jurídico de prestação a cargo de uma só parte. Por exemplo: um pai faz doação de um bem a seu filho, com a obrigação imposta a ele de não vender o imóvel no prazo de vinte anos. O filho não é obrigado a aceitar a doação, mas se ele a aceita com encargo deve obedecê-lo. É observado nos negócios jurídicos de liberalidade, como a doação ou no testamento. Em contratos onerosos e de prestações recíprocas não há encargos.

Representa o encargo um ônus para o beneficiário de um negócio jurídico, restringindo a vantagem que lhe adveio. Se, por exemplo, um cidadão doar certa importância a uma associação cultural, para que esta faça divulgação das obras de Jorge Amado, a donatária fica tolhida. O doador restringe a vantagem dessa associação, que não recebeu irrestrita vantagem.

Nosso código apresenta apenas dois artigos sobre o encargo, os de números 136 e 137, dizendo o primeiro que o encargo não suspende a aquisição nem o exercício do direito, salvo quando expressamente disposto no negócio jurídico pelo disponente, como condição suspensiva. O encargo tem função coercitiva; não impede que o negócio jurídico gere seus efeitos. Se o doador notar que o encargo não foi cumprido pela donatária, poderá então revogar o negócio jurídico e exigir judicialmente que a doação lhe seja devolvida. É pois bastante diferente da condição, pois esta suspende os efeitos do negócio jurídico.

Considera-se não escrito o encargo ilícito ou impossível, salvo se constituir o motivo determinante da liberalidade, caso em que invalida o negócio jurídico (art. 137). Não é juridicamente possível que seja imposto a alguém praticar um ato que seja superior às suas forças, nem mesmo como encargo de um favor concedido. Se o pai doa imóvel a seu filho com o encargo desse imóvel não ser vendido no prazo de vinte anos, é perfeitamente possível o atendimento desse encargo. Impor o encargo de montar nesse imóvel um bar, é também possível, mas montar uma clínica de abortos será juridicamente impossível, pelo que a doação fica invalidada. Neste último caso a montagem dessa clínica foi a causa determinante da liberalidade, razão pela qual fica invalidada. Se se faz doação de imóvel para que seja feita plantação de ovos pode ser considerado esse encargo como nulo.

16. DA FORMA DOS NEGÓCIOS JURÍDICOS E DA SUA PROVA

16.1. Da forma dos negócios jurídicos

16.2. Da prova dos negócios jurídicos

16.3. Da confissão

16.4. Do documento

      a – documento público

      b – documento particular

16.5. Da testemunha

16.6. Da presunção

16.7. Da perícia

16.1. Da forma dos negócios jurídicos

O negócio jurídico poderá ser realizado da forma que bem entenderem as partes nele figurantes, em princípio. Vigora o princípio da liberdade na prática de negócios jurídicos (não se incluem nessa expressão os atos ilícitos). Ao assumirem obrigações poderão as partes fazê-lo por escrito ou verbalmente, facultando-lhes os princípios jurídicos esta opção. A validade das declarações de vontade não dependerá de forma especial, senão quando a lei expressamente a exigir. Vê-se destarte que a liberdade de agir encontra algumas restrições. Vigora a liberdade da forma, como regra geral. Há porém exceções, mas estas deverão ser estabelecidas expressamente pela lei.

É conveniente abrir um hiato para fixarmos bem o uso de certas expressões de sentido técnico-jurídico, especificamente os termos "atos jurídicos", "negócios jurídicos" e "ato ilícito". Ato jurídico é a ação exercida por uma pessoa, tendo por fim imediato criar, salvaguardar, modificar, transferir ou extinguir direitos; ato jurídico só pode ser ato lícito, praticado de acordo com a lei. O ato ilícito é o oposto do ato jurídico; é o praticado em desacordo com a lei. Negócio jurídico é o ato jurídico bilateral, como acontece com o contrato.

Diga-se de passagem que o código deixou claro que um dos pressupostos essenciais (essentialia negotii) do ato jurídico e do negócio jurídico é apresentar-se de forma prescrita ou não proibida pela lei. Teremos então dois tipos de negócios jurídicos no que se refere à sua forma: os solenes e os não solenes. Os solenes ou formais são os anormais, excepcionais, e os não solenes ou informais são os normais. Os negócios jurídicos solenes ou formais são aqueles para os quais a lei prescreve uma determinada forma ou proíbe que seja realizado de outra, restringindo, portanto, a liberdade das partes. É o caso do contrato que a lei exige ser por escrito.

Não vale o negócio jurídico que deixar de revestir a forma especial, determinada em lei, salvo quando esta comine sanção diferente quanto à preterição da forma exigida. Por serem excepcionais, os negócios jurídicos formais são em número reduzido, porém são importantes. Vamos examinar alguns casos, os principais. A venda de bens móveis poderá ser feita por instrumento particular ou até verbalmente. A venda de imóveis, entretanto, deverá ser feita por instrumento público, isto é, por escrito e passado em cartório. O casamento, negócio jurídico que transforma profundamente a vida de uma pessoa em todos os aspectos, só poderá ser feito na forma minuciosamente descrita pela lei, sob pena de ser anulado. O testamento, declaração unilateral, pela qual uma pessoa poderá dispor de seu patrimônio em favor de outra, necessita de três testemunhas; se houver apenas duas, o testamento será nulo. Todos os negócios jurídicos retromencionados geram sérios efeitos jurídicos, e a lei, com as formalidades, visa a tutelar esses direitos, fazendo com que os meios de prova sejam mais seguros e eficazes.

16.2. Da prova dos atos jurídicos

Somos de opinião de que o problema das provas pertence ao Direito Processual. Aliás, o Código de Processo Civil dispõe minuciosamente da questão nos arts. 332 a 443, ou seja, em 112 artigos, formando um capítulo denominado "Das Provas". Nesse capítulo estão incluídas disposições gerais, sobre a prova, depoimento pessoal, confissão, exibição de documento ou coisa, prova documental, argüição de falsidade, prova testemunhal, prova pericial, inspeção judicial. Não vemos por que deva a mesma matéria ser tratada por dois códigos, repetindo as mesmas disposições e estabelecendo outras conflitantes entre si. O mesmo acontece com vários contratos, regulamentados no Código Civil e leis esparsas.

Contudo, essa questão é encontrada no código de vários países e não só no brasileiro. Acreditamos que tal ocorra pelo fato de o Código Civil ser anterior ao Código de Processo Civil. Por essa razão, sentimo-nos forçados a traçar alguns comentários sobre os tópicos principais dispostos pelo nosso Código Civil a respeito das provas. A questão é por demais relevante e nunca será demais discorrer sobre ela, considerando-se o princípio tradicional desde a antiga Roma, de que falar e não provar é o mesmo que não falar.

Estamos ainda falando a respeito do ato jurídico. Este será alegado em juízo, mas sua existência se revela graças à prova. A prova é assim a maneira pela qual se evidencia o ato jurídico. Destina-se a prova a formar a convicção do juiz, vale dizer, a convencer o juiz da verdade de um direito ou de um fato. Se, por exemplo, alguém tenta convencer o juiz de que é proprietário de um imóvel, a escritura pública da aquisição desse imóvel é o supedâneo da afirmação do proprietário, isto é, a prova de que realmente é o titular dos direitos de propriedade do imóvel.

Vários são os tipos de provas, além das legalmente formais, indicadas no art. 136. Os atos jurídicos, a que a lei não impõe forma especial, poderão provar-se mediante:

158

I — confissão;

II — atos processados em juízo;

III — documentos públicos ou particulares;

IV — testemunhas;

V — presunção;

VI — exames e vistorias;

VII — arbitramento.

O direito brasileiro não admite a apresentação, em juízo, de documentos escritos em idioma estrangeiro. Esse documento deverá estar traduzido por tradutor público juramentado e registrado em cartório, seja documento público ou particular. Nosso código faz nítida diferença entre o documento público e o particular. Público é o produzido por órgão oficial ou oficializado, e particular quando for elaborado por pessoas privadas. A escritura pública, lavrada em notas de tabelião, é documento dotado de fé pública, fazendo prova plena (art. 134, § 1º). Mesmo que um contrato não precise ser elaborado obrigatoriamente por instrumento público, se ele for celebrado com a cláusula de não valer sem instrumento público este é da substância do ato (art. 133). Podem pois as partes escolher o instrumento público, por dar solenidade e segurança ao contrato.

São ainda considerados instrumentos públicos as certidões textuais de qualquer peça judicial, do protocolo das audiências, ou de outro qualquer livro a cargo do escrivão, sendo extraídas por ele ou sob a sua vigilância e por ele subscritas, assim como os traslados de autos, quando por outro escrivão concertados (art. 137). Contudo, xérox de peças dos autos, autenticadas pelo próprio Poder Judiciário, têm força probante como a certidão. Terão também a mesma força probante os traslados e as certidões extraídas por oficial público, de instrumentos ou documentos lançados em suas notas (art. 138). Os traslados, ainda que não concertados, e as certidões considerar-se-ão instrumentos públicos, se os originais se houverem produzido em juízo como prova de algum ato (art. 139). Um mandado judicial, por exemplo, é prova oficial de um ato judicial. As xérox autenticadas de uma sentença judicial e da certidão do trânsito em julgado fazem prova de uma decisão do juiz.

O instrumento particular tem o conceito exposto pelo art. 135: é feito e assinado, ou somente assinado por quem esteja na disposição e administração livre de seus bens, sendo subscrito por duas testemunhas. Essas testemunhas poderão ser colhidas no próprio local, pois não é necessário que elas se inteirem do teor do documento. Vincula apenas as partes que assinam; para ter efeito contra terceiros (*erga omnes*) haverá necessidade de registro do documento em cartório. As declarações constantes de documentos assinados presumem-se verdadeiras em relação aos signatários (art. 131).

A prova testemunhal é das mais comuns. Consta do depoimento pessoal de pessoas físicas que declaram oralmente o conhecimento direto que têm de um fato. Encontra a prova testemunhal algumas restrições nos arts. 142 e 143, uma vez que é muito limitada a capacidade humana de perceber os fatos. Não podem ser admitidos como testemunhas os interditos, os cegos e surdos, quando a ciência do fato, que se quer provar, dependa dos sentidos, que lhes faltam; e os menores de 16 anos. O interessado no objeto do litígio, bem como o ascendente e o descendente ou o colateral, até o terceiro grau, de alguma das partes, por consangüinidade ou afinidade, podem ser admitidos como testemunhas, em questões em que se trate de verificar o nascimento, ou o óbito dos filhos (art. 143).

Ninguém pode ser obrigado a depor de fatos, a cujo respeito, por estado ou profissão, deva guardar segredo (art. 144). Assim, um advogado não pode depor sobre fatos relacionados a seus clientes, uma vez que soube desses fatos por inspirar confiança a eles. O mesmo acontece com um médico, um juiz ou representante do Ministério Público.

16.3. Da confissão

A confissão é conhecida como "a rainha das provas". O direito romano dava à confissão até mesmo o foro de julgamento: "Confessio pro judicatur habetur" = a confissão tem-se como caso julgado. Outro jurista romano declarou enfaticamente: confessio melior omnibus probatio est = a confissão é a melhor das provas. A confissão é a declaração que uma parte faz da verdade de fatos e ela desfavoráveis e favoráveis à outra parte. A confissão é judicial e extrajudicial (art. 2.730 do CC italiano). Ocorre a confissão quando uma parte admite como verdadeiro um fato, embora este lhe seja desfavorável. A parte reconhece ter agido erroneamente, sujeitando-se às sanções do ato confessado. É judicial, se for processada em juízo, ou extrajudicial, se for feita fora do processo, por instrumento público ou particular. É admitida a "confissão ficta", se houver silêncio da parte, quando chamada a contestar. A confissão ficta é também chamada de presumida ou tácita.

Não tem eficácia a confissão se provém de quem não é capaz de dispor do direito a que se referem os fatos confessados. Se feita a confissão por um representante, somente é eficaz nos limites em que este pode vincular o representado. Eis aqui um salutar dispositivo legal, introduzido pelo art. 213 do Código Civil, ante tantos abusos verificados. Tanto na órbita civil como na penal é de se impor restrições quanto à presença de incapazes perante a justiça, nunca se dispensando a presença do juizado da infância e da juventude.

A confissão é irrevogável, mas pode ser anulada se decorreu de erro de fato ou de coação. A revogabilidade da confissão fora porém prevista no art. 352 do Código de Processo Civil, dizendo ele que a confissão pode ser revogada. A situação tornou-se confusa, mas no exame dos fatos poderemos ver que a confissão é irrevogável mas não imutável. É possível modificar os termos da confissão, mas não revogá-la. A confissão depende da vontade livre e consciente de quem a declara. Diz o ditado: "quem conta um conto aumenta um ponto" e se alguém for repetir a confissão várias vezes, não será de admirar que apresente várias versões da confissão. Fará então diversas confissões conflitantes e contraditórias, mas não se poderá dizer que uma revoga a outra. Nosso código diz que a confissão poderá ser "anulada", o que parece ser mais lógico.

16.4. Do documento

Etimologicamente, essa palavra deriva do verbo latino DOCERE = ensinar, mostrar, revelar. O documento é normalmente uma coisa; essa coisa revela, ensina, mostra uma realidade, um fato, um ato ou manifestação de vontade ou de pensamento.

Geralmente é um pedaço de papel, como o recibo.

a – Documento público

Nosso código faz diferença entre documento público e particular. Público é o documento produzido por órgão oficial ou oficializado, e particular quando for elaborado por pessoas privadas. A escritura pública, lavrada em nota de tabelião, é documento dotado de fé pública, fazendo prova plena (art. 215). A escritura pública é ato extremamente formal e várias disposições legais estabelecem rígidos dados essenciais ou acidentais constante do documento. Nosso código confirma alguns deles e esclarece vários outros. Além dos já estabelecidos por lei, deve constar, segundo o código, a data e o local da realização e o reconhecimento da identidade e capacidade das partes e de quantos hajam comparecido ao ato, por si, como representantes, intervenientes ou testemunhas. O cartório ficará assim responsável se algum interveniente no negócio jurídico for juridicamente incapaz.

A anuência ou a autorização de outrem, necessária à validade de um ato, provar-se-á do mesmo modo que este, e constará sempre que se possa, do próprio instrumento (art. 220). É conveniente que declarações paralelas, de pessoas integradas no negócio jurídico, constem do próprio instrumento, mas, quando não for possível, poderá constar de aditivo a ele.

As partes intervenientes na escritura pública deverão estar bem qualificadas, constando o nome, nacionalidade, estado civil, profissão, domicílio e residência, com a indicação, quando necessário, do regime de bens do casamento, nome do outro cônjuge e filiação.

Embora a escritura pública seja elaborada pelo escrivão e assinada por ele, deverá conter também a assinatura das partes e demais comparecentes; se algum deles não puder ou não souber escrever, outra pessoa capaz assinará por ele ou a seu rogo.

O direito brasileiro não admite a apresentação em juízo ou em qualquer outro órgão público de documentos escritos em idioma estrangeiro; só se estiverem traduzidos por tradutor público juramentado, seja documento público ou particular. O tradutor oficial ou público é o profissional concursado e nomeado pelo Poder Público. É ele dotado de fé pública, ou seja, sua tradução não poderá ser contestada. Se qualquer dos comparecentes não souber a língua nacional e o tabelião não entender o idioma em que se expressa, deverá comparecer tradutor público para servir de intérprete, ou não havendo na localidade, outra pessoa capaz que, a juízo do tabelião, tenha idoneidade ou conhecimento bastantes. O intérprete faz traduções orais e tradutor faz traduções escritas. O próprio tradutor atua como intérprete. A escritura pública será lida pelo tabelião e as partes ou outros presentes farão declaração da leitura.

Se alguns dos presentes não for conhecido do tabelião e não tiver documentos de identificação, deverão participar do ato pelo menos duas testemunhas que o conheciam e atestem sua identidade.

Além da escritura pública, tem valor probante, vale dizer, farão a mesma prova que os originais, as certidões textuais de qualquer peça judicial, do protocolo das audiências, ou de outro qualquer livro a cargo do escrivão, sendo extraídas por ele, ou sob sua vigilância, e por ele subscritas, assim como os traslados de autos, quando por escrivão conferidos. Terão a mesma força probante os traslados e as certidões, extraídos por tabelião ou oficial de registro, de instrumentos ou documentos lançados em suas notas. Os traslados e as certidões considerar-se-ão

162

instrumentos públicos, se os originais se houverem produzido em juízo como prova de algum ato.

É conveniente esclarecer, mesmo superficialmente, o sentido dos muitos tipos de provas ou documentos referidos pela lei. Traslado é a transcrição do que estiver escrito no documento público; é a cópia extraída por oficial público de outro documento. Tipo comum de traslado é a "pública forma", que é a transcrição exata e integral de documento público, elaborada pelo tabelião a pedido do interessado, para o fim de substituir o original, e tendo a mesma força probante. Certidão é também cópia de documento ou documentos vários, ou de registro público, podendo ser a certidão de um processo. É a reprodução escrita e autêntica (autêntica por ser emitida por oficial público) de outros documentos. Exemplo é a certidão negativa da Prefeitura, certificando que determinada pessoa não tem débitos. Na vida processual, são comuns a "certidão de objeto e pé" e a "certidão de inteiro teor". Poucos existem que não tenham certidão de nascimento ou de casamento.

É útil ainda distinguir documento e instrumento, embora seja a diferença um tanto sutil. O instrumento é um documento com características próprias; tem algumas características da certidão. É o documento destinado a servir, no futuro, de prova de direito nele representado. Exemplo sugestivo é o "instrumento de protesto": é a certidão emitida pelo Cartório de Protesto para atestar o não pagamento de um título de crédito, dando ao portador dele o direito de reclamar o pagamento, e colocando o devedor em mora.

b – Documento particular

Documento particular é o elaborado e assinado pelas partes, sem a interferência de órgãos públicos. Vamos citar alguns exemplos: um recibo, os livros fiscais de uma empresa, um título de crédito, um contrato.

O instrumento particular, feito e assinado, ou somente assinado por quem esteja na livre disposição e administração de seus bens, prova as obrigações convencionais de qualquer valor. Entretanto, os seus efeitos, bem como os de cessão, não operam, a respeito de terceiros, antes de registrado no registro público. A prova do instrumento particular pode suprir-se pelas outras de caráter legal. Portanto, não é absolutamente necessário que o instrumento particular seja escrito, uma vez que pode ser provado por outros meios de prova previstos em lei. O instrumento particular não produz efeitos "erga omnes", mas se for registrado no cartório competente, poderá chegar ao conhecimento de terceiros o que lhe dará efeitos perante todos.

Como ocorre também com o documento público, a anuência ou a autorização de outrem, necessária à validade de um ato, provar-se-á do mesmo modo que este, e constará, sempre que se possa, do próprio instrumento (art. 220). Por exemplo, num contrato assinado por menor de 18 anos, deverá constar a assinatura de seu pai ou responsável no próprio contrato, mas, se não for possível em aditivo a ele.

O grande desenvolvimento técnico e científico por que vem passando o mundo nos últimos anos provocou matizes especiais em certas provas. Uma delas é o telegrama, documento sem assinatura e elaborado por empresa pública ou órgão público, como a EBCT. O telegrama, quando lhe for contestada a autenticidade, faz prova mediante conferência com o original assinado (art. 222). É conveniente pois que as comunicações telegráficas sejam feitas com cópias e com recibo passado.

A cópia fotográfica de documento, conferida por tabelião de notas, valerá como prova de declaração da vontade, mas, impugnada sua autenticidade, deverá ser exibido o original (art. 223). É a chamada "xerox autenticada"; constitui documento comprobatório e se houver alguma dúvida poderá ser exibido o original e novamente autenticada por outra autoridade ou outro oficial.

A prova não supre a ausência do título de crédito, ou do original, nos casos em que a lei ou as circunstâncias condicionarem o exercício do direito à sua exibição

É o caso da nota promissória: só pode ser executada mediante a sua apresentação, da mesma forma que um cheque; este só pode ser pago pelo banco com a sua apresentação. A cópia autenticada poderá provar a existência do documento em ação ordinária. Trata-se porém de ação de conhecimento, mas não para exercício de direito inerente ao título de crédito.

As reproduções fotográficas, cinematográficas, os registros fonográficos e, em geral, quaisquer outras reproduções mecânicas ou eletrônicas de fatos ou de coisas fazem prova plena destes, se a parte contra quem forem exibidos não lhes impugnar a inexatidão (art. 255). É mais outra inovação introduzida pelo Código Civil, como conseqüência do desenvolvimento da eletrônica. A gravação de alguma conversa ou foto de um evento constituem documento válido de comprovação. Importa porém não serem obtidos de forma ilegal ou desonesta. Não tem valor probante, por exemplo, a escuta telefônica, prática até criminosa. Há empresas especializadas em acompanhar os passos de pessoa investigada, filmando scus encontros e contatos. Essa filmagem atenta contra a privacidade da vida particular do cidadão e fere a lei.

Os livros e fichas dos empresários e sociedades provam contra as pessoas a que pertencem, e em seu favor, quando escriturados sem vício extrínseco ou intrínseco, forem confirmados por outros subsídios. A prova resultante dos livros e fichas não é bastante nos casos em que a lei exige escritura pública, ou escrito particular revestidos de requisitos especiais, e pode ser elidida pela comprovação da falsidade ou inexatidão dos lançamentos (art. 226). A escrituração contábil, também chamada de escrituração fiscal, está devidamente regulamentada no Código Civil, nos arts. 1.179 a 1.195, em capítulo denominado "Da Escrituração". A esse capítulo deve ser remetido o art. 226, para melhor compreensão.

É questão bastante difícil e complexa. A própria justiça sofre inibição, pelos arts. 1.190 e 1.191, em examinar ou ordenar diligência para a contabilidade das empresas. É assunto de Direito Empresarial, mas estamos examinando aqui só o valor probante da escrituração fiscal, vale dizer, os livros fiscais como prova. A contabilidade da empresa é feita por ela própria e, naturalmente, tende ela a registrar o que lhe interessa e omitir certos lançamentos que possam comprometê-la. Por isso, não pode ela utilizar sua contabilidade como meio de prova, mas só valerá contra ela. Todavia, poderá ela utilizar sua contabilidade em seu favor, desde que os lançamentos tenham sido feito corretamente; porém os lançamentos poderão ser contestados. Não pode suprir, por outro lado, provas mais contundentes, como por exemplo, instrumento público. Da mesma forma, com títulos de crédito, como a nota promissória; ainda que seus registros contábeis confirmem a existência de nota promissória a seu favor, emitida por outra pessoa, não lhe dará direito ao exercício do crédito nela mencionado, só válidos com a apresentação do título.

16.5. Da testemunha

A prova testemunhal é das mais comuns. Consta do depoimento de pessoas físicas que declaram oralmente o conhecimento direto que tem do fato. Encontra a prova testemunhal algumas restrições, uma vez que é muito limitada a capacidade humana de perceber os fatos. Depende em muito da memória e do estado de espírito de quem vai testemunhar. Será conveniente então o concurso de várias testemunhas, de tal forma que se possa extrair uma constante de vários depoimentos. Os romanos não deram muito valor à testemunha, de acordo com seu brocardo: "testis unus testis nullus" = testemunha única, testemunha nula. É apenas forma de interpretação, porquanto uma só testemunha pode valer por uma dezena.

Salvo os casos expressos, a prova exclusivamente testemunhal só se admite nos negócios jurídicos cujo valor não ultrapasse o décuplo do maior salário mínimo vigente no País ao tempo em que foram celebrados. Qualquer que seja o valor do negócio jurídico, a prova testemunhal é admissível como subsidiária ou complementar da prova por escrito (art. 227). Eis clara demonstração de que o valor da prova testemunhal encontra restrições: só em questões de pequeno valor (dez salários mínimos) pode-se levar em consideração prova exclusivamente testemunhal. Todavia, as testemunhas podem ser acessórias a outras provas, complementa a certeza de um fato já comprovado.

Por razões várias, as testemunhas não inspiram confiança e apresentam tendências para o partidarismo. Por essa razão o art. 228 veda a admissão de certas pessoas como testemunhas. Começa pelo menor de 16 anos, por motivos escusados de comentários. Não podem ainda os interditos, como aqueles que por enfermidade ou retardamento mental, não tiverem discernimento para a prática dos atos da vida civil. Mais precisamente, é o interdito, uma pessoa declarada judicialmente incapaz para os atos da vida civil.

Não podem depor os cegos e surdos, quando a ciência do fato que se quer provar dependa dos sentidos que lhe faltam. Por exemplo, como poderia um cego testemunhar um acidente de trânsito. Ou então o cego e surdo testemunhar injúria proferida por alguém?

Não pode depor quem seja interessado no litígio, o amigo íntimo ou o inimigo capital das partes. Qualquer pessoa que possa ser prejudicada ou beneficiada no julgamento de um litígio será suspeita de servir como testemunha. Seria revelar em depoimento algum fato que venha em seu malefício, o que a faz suspeita.

Também não podem depor como testemunhas as pessoas ligadas por laços de parentesco às partes: cônjuges, os ascendentes, os descendentes e os colaterais, até o terceiro grau de alguma das partes, por consangüinidade ou afinidade. São eles impedidos pela lei. Além do mais, o direito tutela a família e o depoimento de cônjuge pode provocar conflitos conjugais e familiares. Seria o caso da esposa que compromete o marido em seu depoimento.

Às vezes será possível admitir-se o testemunho de impedidos, suspeitos ou incapazes. É quando não há outras testemunhas, isto é, só elas presenciaram ou conheceram os fatos discutidos. Para maior esclarecimento, vamos fazer arremate no que foi exposto: "impedido ou proibido" é quem for vedado pela lei, como o cônjuge e parentes próximos; incapaz é quem não possuir o necessário discernimento para perceber uma ocorrência, como o menor de 16 anos ou o deficiente mental; "suspeito" é quem revela tendência para torcer os fatos, como o amigo ou o inimigo de uma das partes.

Fica facultado, em certos casos, a alguém evitar de depor como testemunha. Em princípio, testemunhar um fato é um "munus" público, obrigação de cada um; é um dever para com a lei e a justiça e para com a sociedade. Entretanto, ninguém pode ser obrigado a depor sobre fato a cujo respeito, por estado ou profissão deva guardar segredo. Acontece com o sacerdote que ouve a confissão de um fiel. O advogado não pode depor sobre fatos relacionados a seus clientes, uma vez que soube desses fatos por inspirar confiança a eles. A mesma situação ocorre com o médico. Se essa faculdade não fosse atribuída a pessoas confidentes, não poderiam elas inspirar confiança a seus clientes, o que seria desastroso.

Também poderá recusar-se a depor quem não possa responder sem desonra própria, de seu cônjuge, parente em grau sucessível, ou amigo íntimo, ou que os exponha a perigo de vida, de demanda, ou de dano patrimonial imediato. Essas disposições foram introduzidas recentemente pelo Código Civil. Infelizmente, o sucateamento da justiça, da polícia e demais órgãos públicos encarregados de aplicar a lei e garantir a paz social, criaram para as testemunhas enorme constrangimento. Veio até com atraso a faculdade de poder livrar-se a testemunha da morte ou dos prejuízos de toda ordem, por atender à sua consciência e à crença na justiça.

16.6. Da presunção

A presunção é meio de prova baseado na imaginação, mas pode ser prevista pela lei. Os franceses tinham termo inesquecível: "cherchez la femme". Quando um homem fosse assassinado e não havia suspeitos, diziam eles que deveria haver alguma mulher atrás do crime. Não tinha sentido pejorativo à mulher; ao contrário, consideravam eles a existência de uma mulher atrás do sucesso e do fracasso de um homem, de todas suas ações. Presume-se então que haja uma mulher atrás do que possa acontecer a um homem e do que ele possa fazer.

Uma certa ocasião, um indivíduo bradou aos quatro ventos ter sido roubado em quatro milhões de dólares, fazendo abrir processos e inquéritos. Demonstrou-se que o queixoso nunca prestara declaração de imposto de renda e de bens e sempre viveu em precária situação financeira. Prova nenhuma foi apresentada do roubo nem da existência da fortuna roubada. Presumiu-se então que não houve roubo nem coisa roubada.

A presunção é uma conclusão. Por ela se conclui um fato desconhecido, por meio de um fato conhecido. Há muitos tipos de presunção entre as quais a legal, assim considerada a prevista em lei. Vamos examinar só algumas delas. Assim por exemplo, se uma dívida com pagamento previsto em prestações periódicas tiver o pagamento de uma delas, presume-se que as anteriores tenham sido pagas, segundo o art. 322. Outro caso: filhos nascidos na constância do casamento presume-se que sejam do marido e da mulher, pelo art. 1.597. No caso de comoriência, prevê o art. 8º: "se dois ou mais indivíduos falecerem na mesma ocasião, não se podendo averiguar se algum dos comorientes precedeu aos outros, presumir-se-ão simultaneamente mortos".

Outro tipo de presunção é a "juris et de jure", ou presunção absoluta. Ela é tão evidente que não admite prova em contrário. Por exemplo, o portador de uma nota promissória será o dono dela? Presume-se que sim. A presunção "juris tantum", ou "presunção relativa" é a de menor força; admite prova em contrário, como acontece na comoriência; se o atestado médico dizer que houve diferença na hora da morte, há prova em contrário.

As presunções, que não as legais, não se admitem nos casos em que a lei exclui a prova testemunhal (art. 230). As presunções legais não admitem prova em contrário, incluindo-se as testemunhais. As presunções comuns ou relativas admitem prova em contrário mas a lei pode vedar a testemunhal; se veda a prova testemunhal, com mais razão vedará a presunção, pois esta é prova menos segura que a testemunhal.

16.7. Da perícia

A perícia é o exame realizado por pessoa de conhecimentos técnicos especializados, retratado pelo laudo, o relatório da conclusão da perícia. Esse laudo servirá de prova para algum fato controvertido. Como exemplo, podemos citar a dúvida existente a respeito da assinatura em documento, cuja autenticidade seja negada pelo assinante. Afirmar que assinatura seja falsa ou autêntica é tarefa que só um especialista poderia fazer com segurança. Só o exame grafotécnico, utilizando recursos especiais, poderia ensejar o laudo capaz de constituir-se como prova.

Uma autópsia será outro exemplo de perícia que só o especialista seria capaz. Outro caso está previsto no art. 1.771, em que no processo de interdição, o juiz precisará da perícia médica para formar a convicção de que alguma pessoa tenha deficiência mental; essa perícia consta de exame médico, graças ao qual o médico elabora seu laudo.

Aquele que se nega a submeter-se a exame médico necessário não poderá aproveitar-se de sua recusa (art. 231). É o que ocorreria num processo de investigação de paternidade, cuja procedência seria o exame de DNA. Não está obrigado o pretenso pai a submeter-se ao DNA, mas esse exame poderia beneficiá-lo se desse negativo. Se recusar-se a esse exame, perderá oportunidade de aproveitar-se dele e não poderá contestar a acusação com base na ausência do laudo, e poderá provocar a presunção de culpa. Aliás o art. 232 sugere ao juiz a utilização da recusa como a presunção indigitada, como se vê:

"A recusa à perícia médica ordenada pelo juiz poderá suprir a prova que se pretendia obter com o exame".

Há perícias especiais conforme as circunstâncias. Uma é o arbitramento, o exame de determinada questão contábil para se apurar o valor de uma obrigação. O "laudo contábil" é o parecer do perito-contador, elaborado após examinar os livros fiscais de empresa falida. A "vistoria" é o exame visual feito de uma coisa ou um local.

17. DA INVALIDADE DO NEGÓCIO JURÍDICO

17.1. Teoria das nulidades

17.2. Negócios jurídicos nulos

17.3. Negócios jurídicos anuláveis

17.4. Diferenças entre nulo e anulável

17.1. Teoria das nulidades

Por diversas vezes foi invocado o art. 104, que enuncia os elementos essenciais do negócio jurídico (essencialia negotii): agente capaz, objeto lícito e forma prescrita ou não vedada pela lei. Foram depois enunciados os defeitos do negócio jurídico, quer dizer, os vícios de consentimento (erro, dolo, coação) e os vícios sociais (lesão, estado de perigo e fraude conta credores). Essas questões geram muitas conseqüências, maculando o negócio jurídico de um vício sério ou, pelo menos, perturbador. Os mais graves poderão inquinar o negócio jurídico de absoluta nulidade e os mais leves de relativa nulidade.

A nulidade do ato jurídico tem portanto graduação, o que dá a eles classificação tríplice, de acordo com o grau de imperfeição apresentada por eles. Os negócios jurídicos defeituosos são inexistentes, nulos e anuláveis. Inexistente é o negócio jurídico ao qual faltou elemento essencial, defeito de natureza tão séria que avilta o negócio jurídico a ponto de considerá-lo impossível. É o caso de casamento de dois homens entre si, da locação de imóvel inexistente, de duas pessoas privadas alugando o Palácio da Alvorada, de venda de um bem sem que haja esse bem ou o preço dele, o divórcio verbal estabelecido entre marido e mulher sem homologação judicial, a venda do Oceano Atlântico. Não é possível sequer mover ação anulatória de negócio jurídico da espécie "ut supra", por serem eles inconcebíveis. A justiça não pode anulá-los; visto que não os leva em consideração.

17.2. Negócios jurídicos nulos

A nulidade é a sanção imposta pela lei aos negócios jurídicos praticados com afronta a ela. Por exemplo, um contrato leonino, em que as vantagens pendem totalmente para uma das partes, sobrando à outra apenas obrigações. Esse defeito tornou impossível para a parte prejudicada cumprir suas obrigações, transformando o objeto do contrato intangível. Resta à parte prejudicada, que não pode ter celebrado conscientemente um contrato desse tipo, requerer judicialmente sua anulação. Sendo anulado, a nulidade produzirá efeitos "ex tunc" = desde então, ou seja, invalida o contrato desde a celebração; mesmo que as partes entrem em acordo em juízo, ratificando esse contrato, o juiz não poderá homologar tal acordo. Pode ser alegada por qualquer interessado, ou pelo Ministério Público, quando lhe couber intervir (art. 168).

Segundo o art. 166 é nulo o negócio jurídico praticado por pessoa absolutamente incapaz. A este respeito, temos que fazer remissão ao nosso estudo sobre a capacidade e incapacidade civil. Contudo há certos aspectos merecedores de análise. Por exemplo: um garoto de 15 anos é absolutamente incapaz; porém chega ele no balcão do metrô, adquire a passagem e faz a viagem. Celebrou contrato de transporte, pagou e usufruiu o serviço, mesmo sendo incapaz. Às vezes, o absolutamente incapaz pratica negócio jurídico por meio de seu representante legal, com autorização judicial.

É também nulo o negócio jurídico se for ilícito impossível ou indeterminado o seu objeto. O negócio jurídico visa a criar direitos e deveres entre várias partes. Por princípio, não pode gerar direitos qualquer ato nulo, assim considerado o que ofende a lei, a ordem pública e os bons costumes. Se o objeto for impossível será nulo, pois a parte encarregada de uma ação impossível ficará tolhida e provocará reação contrária. Rompe ainda o equilíbrio relativo que deve reinar nas relações recíprocas. Não pode ser ainda indeterminável, como por exemplo uma dívida indeterminável, que não se possa identificar.

O negócio jurídico será nulo se o motivo determinante comum a ambas as partes for ilícito. Não é que o objeto seja ilícito mas a intenção das partes, como é o caso da simulação. O ilícito vicia não só o negócio jurídico mas a vontade das partes que nele intervém. É possível até que o objeto seja lícito mas o motivo determinante dele não; há um conluio entre as partes para obter vantagens, por meio de negócio jurídico celebrado entre elas, mas lesando terceiros. Por exemplo, um contrato de mútuo (empréstimo de dinheiro) tem toda a aparência de legal, mas a aplicação do dinheiro está destinada a uma operação ilícita. Note-se que ambas as partes estão conscientes da ilegalidade de seus propósitos e não apenas uma.

Há outro fator determinante da nulidade do negócio jurídico. Já vimos que um dos requisitos dele é a observação de forma prescrita em lei, quando houver, ou então se a forma for proibida pela lei. É o aspecto formal da questão. Os negócios jurídicos são normalmente informais, mas alguns há que deverão se revestir de forma prescrita em lei e não pode ser preterida alguma solenidade que a lei considere essencial para a sua validade. Por exemplo, o contrato de compra e venda de imóveis deve ser feito por escritura pública; se não for feito dessa maneira, faltou a esse negócio jurídico formalidade essencial, vale dizer, sem a qual o contrato de compra e venda não é contrato de compra e venda. A hipoteca é outro negócio jurídico nas mesmas condições. O testamento privado deverá ter três testemunhas; se houver apenas duas, será nulo por ter sido preterida formalidade essencial para a validade do testamento.

O sexto inciso do art. 166 diz ser nulo o negócio jurídico quando tiver por objetivo fraudar lei imperativa. É o caso do pai que doa imóvel a um de seus descendentes, sem a anuência dos demais. Sabendo que esse negócio jurídico poderá ser anulado, o pai vende esse imóvel a um terceiro e este o repassa para o filho protegido. O direito italiano tem o famoso brocardo: "fatta la legge, trovato lo sbaglio" = feita e lei, encontra-se a brecha; é a tradição. Nulo será o contrato de aluguel, de mútuo e outros, se for estipulado pagamento em dólar ou outra moeda estrangeira. Como não se pode aumentar a dívida, por ser proibida pela lei, o pagamento em dólar permitiria esse aumento de forma desmesurada.

Finalmente, o elenco de nulidades apresenta a nulidade do negócio jurídico, quando a lei taxativamente o declarar nulo, ou proibir-lhe a prática sem cominar sanção. São muitos os casos de nulidade de negócios jurídicos previstos tanto no Código Civil como em leis complementares. Bastaria citar algumas. O art. 207 declara nulo o casamento de pessoas já casadas, de menor de 16 anos, de irmãos entre si. O art. 489 diz que é nulo o contrato de C/V, quando se deixa ao arbítrio exclusivo de uma das partes a fixação do preço. O art. 548 diz que é nula a doação de todos os bens sem reserva de parte, ou renda suficiente para a subsistência do autor.

É nulo o negócio simulado (art. 167). A simulação é defeito grave do negócio jurídico e foi descrita no capítulo referente aos defeitos do negócio jurídico, neste mesmo compêndio. Em muitos casos é crime, como ocorre com a duplicata simulada. Uma empresa emite duplicata sem que tenha havido venda, produzindo assim um título de crédito para circular sem lastro. Haverá simulação nos negócios jurídicos quando aparentarem conferir ou transmitir direitos a pessoas diversas daquelas às quais realmente se transferem ou transmitem. Houve um caso muito significativo acontecido em São Paulo. Um cidadão carregado de dívidas, para evitar a execução sobre seus bens, vendeu um imóvel a terceiro, mas este, em seguida vendeu o imóvel à esposa do vendedor, com a qual era casado em regime de separação de bens. Aparentou transmitir o imóvel a um terceiro, mas a transferência foi para pessoa diversa: a esposa do vendedor, cujo efeito foi o de colocar esse imóvel fora de penhora. É o chamado "negócio jurídico por interposta pessoa"; esta é um testa-de-ferro, um "laranja".

Ressalvam-se os direitos de terceiro de boa-fé em face dos contraentes do negócio simulado. A simulação é a causa para a declaração

175

de nulidade de negócio jurídico em que se envolveram três partes: o vendedor, o testa-de-ferro e a beneficiária. A anulação tira os efeitos colhidos pelos três, mas esses efeitos não podem atingir outras pessoas, que de boa-fé, possam ter intervido no negócio.

A nulidade pode ser alegada por qualquer interessado e deve a ação anulatória ser dirigida contra todas as figuras intervenientes do negócio simulado. Pode ainda ser alegada pelo Ministério Público, quando lhe couber intervir. As nulidades devem ser pronunciadas pelo juiz, quando conhecer do negócio simulado ou dos seus efeitos e as encontrar provadas, não lhe sendo permitido supri-las, ainda que a requerimento das partes (art. 168). Pelo que parece, a anulação pode ser pronunciada "ex officio" pelo juiz, mas este não poderá validar o negócio jurídico simulado, nem mesmo a pedido das partes em conjunto.

Anulado o negócio jurídico restituir-se-ão as partes ao estado em que antes dele se achavam, e, não sendo possível restituí-las, serão indenizadas com o equivalente. O negócio jurídico nulo não é suscetível de confirmação, nem convalesce com o decurso do tempo (art. 169). Se for declarado judicialmente nulo, a anulação terá efeitos "ex tunc" = desde então, pois o que é nulo não pode produzir efeitos jurídicos: "quod nullum est nullum effectus producit".

Não há como possa ser validado. Todavia, o negócio jurídico nulo gera efeitos sobre outras pessoas, além das partes. Ao serem juridicamente anulados, os efeitos já se concretizaram materialmente, ficando difícil refazê-los. A solução do problema é então indenizando-se financeiramente os prejudicados.

Todavia, ninguém pode reclamar o que, por uma obrigação anulada, pagou a um incapaz, se não provar que reverteu em proveito dele a importância paga. Nessas condições, o pagamento não se desfaz a menos que o pagador comprove que houve benefício ao incapaz, como o aumento do patrimônio deste. Senão, o incapaz ter-se-ia enriquecido indevidamente.

Se, porém, o negócio jurídico nulo contiver os requisitos de outro, subsistirá este quando o fim a que visavam as partes permitir supor que o teriam querido, se houvessem previsto a nulidade (art. 170). Vamos falar de uma nota promissória ao portador: é nula, ou melhor, segundo a lei não vale como nota promissória. Não pode ser executada. Entretanto, não é documento nulo, uma vez que há nele requisitos de outro negócio jurídico. O portador dessa nota promissória, isto é, o seu credor, quer exercer a cobrança da dívida representada por ela, e tem outros documentos comprobatórios dessa dívida. A nota promissória poderá juntar-se a esses documentos. A nota promissória, portanto, é nula, mas tem os elementos de outro negócio jurídico. Não pode ser cobrada por execução, mas pode instruir ação ordinária de cobrança. Havia um negócio jurídico nulo: a nota promissória; mas há outro negócio jurídico, que é válido: a dívida cobrável por ação ordinária.

17.3. Negócios jurídicos anuláveis

Os negócios jurídicos anuláveis são diferentes dos nulos; aliás bem diferentes. O vício não é tão profundo e insanável, e por isso a anulabilidade não é sanção radical. É chamada de nulidade relativa, em oposição à nulidade absoluta. Por visar mais à tutela do interesse individual, a anulabilidade só pode ser alegada pelas partes, não cabendo ao Ministério Público intervir. As anulações do negócio jurídico anulável não têm efeito antes de julgadas por sentença, nem se pronunciam de ofício. Só os interessados as podem alegar, e aproveitam exclusivamente aos que as alegarem, salvo o caso de solidariedade ou indivisibilidade (art. 171).

Pelo art. 171 é anulável o negócio jurídico por incapacidade relativa de uma ou das duas partes nele envolvidas. O negócio jurídico praticado por absolutamente incapaz é nulo; o praticado por relativamente incapaz é anulável. Relativamente incapaz, segundo o art. 4º são os menores entre 18 e 16 anos. As obrigações contraídas por menores entre 16 e 18 anos são anuláveis quando resultarem de atos por ele praticados sem autorização de seus legítimos representantes, ou sem assistência do curador, que neles houver de intervir.

Também é anulável o negócio jurídico por vício resultante de dolo, coação, estado de perigo, lesão ou fraude contra credores. São negócios jurídicos defeituosos, pelo que foi estudado no capítulo referente aos defeitos dos negócios jurídicos.

Importante característica do negócio jurídico anulável é a possibilidade de ser ele confirmado pelas partes, salvo direito de terceiros (art. 172). Assim, o negócio jurídico em que se envolveu menor entre 16 e 18 anos é imperfeito e anulável, mas se posteriormente houve aprovação do legalmente responsável pelo menor, o negócio jurídico passou a ser válido. O ato de confirmação deve conter a substância do negócio celebrado e a vontade expressa de mantê-lo (art. 173).

É escusada a confirmação expressa, quando o negócio já foi cumprido em parte pelo devedor, ciente do vício que o inquinava (art.174). Assim, um contrato irregular de locação foi cumprido pelo locatário, com o pagamento dos aluguéis. Se ele foi pagando os aluguéis é demonstração de que o contrato o satisfazia e por isso o confirmou. A confirmação expressa, ou a execução voluntária de negócio anulável importa a extinção de todas as ações, ou exceções, de que contra ele dispusesse o devedor. Assim sendo, se um devedor ratifica um contrato irregular ou cumpre as prestações desse contrato, não poderá depois reclamar da irregularidade superada.

Vamos dar um exemplo que abrange todos esses critérios. Dois jovens de 17 anos casam-se sem licença dos responsáveis. São menores púberes e esse casamento é anulável. Passa-se um ano e eles atingem a maioridade. Já maiores, poderão ratificar esse casamento. Não teria sentido anular o casamento e eles se casarem outra vez por serem maiores. Digamos porém que se passam vários anos e eles continuam casados, ou seja, continuam cumprindo as obrigações conjugais assumidas. O casamento se valida, uma vez que houve ratificação tácita. Ao completarem 18 anos, começa o período prescricional para que possam requerer a anulação do casamento irregular. Todavia, não assiste aos nubentes o direito a recurso, se eles dolosamente se declararam maiores quando casaram. Terão eles praticado negócio jurídico ilícito e o menor, entre 16 e 18 anos, equipara-se ao maior quanto às obrigações resultantes de atos ilícitos, em que for culpado.

Quando a anulabilidade do negócio jurídico resultar de fato de autorização de terceiro, será validado se este a der posteriormente (art. 176). É o caso do incapaz que tiver praticado alguma ação à revelia do responsável, mas posteriormente esse responsável deu a autorização: validou o ato.

A anulabilidade não tem efeito antes de julgada por sentença, nem se pronuncia de ofício; só os interessados a podem alegar, e aproveita exclusivamente aos que a alegaram, salvo o caso de solidariedade ou indivisibilidade (art. 177). Aqui estão expostas algumas características da anulabilidade, que se contrapõem às da nulidade. Como se trata de interesse privado e não público, a anulabilidade deve ser requerida pelos interessados, não podendo o juiz decretá-la de ofício. Os efeitos da anulabilidade são "ex nunc" = desde agora, ou seja, a partir da sentença que anular o negócio jurídico. Até a sentença o negócio jurídico produz efeitos; é valido.

O prazo decadencial para se requerer a anulação é de quatro anos. Esse prazo, porém, começa a correr de acordo com a causa da anulabilidade.

Se for por coação começa o prazo do momento em que a coação cessou. Se for por erro, dolo, fraude contra credores, estado de perigo ou lesão, começa no dia em que se realizou o negócio jurídico defeituoso. Se for por causa da incapacidade do agente, começa no dia em que cessar a incapacidade. Quando a lei dispuser que determinado ato é anulável, sem estabelecer prazo para pleitear-se a anulação, será este de dois anos, a contar da data da conclusão do ato (art. 179).

É possível que um negócio jurídico seja anulado apenas parcialmente, como a cláusula de contrato. A nulidade parcial de negócio jurídico não o prejudicará na parte válida, se esta for separável. A nulidade da obrigação principal implica a das obrigações acessórias, mas a destas não induz a da obrigação principal (art. 184). É a hipótese de contrato de trabalho em que for incluída cláusula dispensando o gozo de férias do empregado. Trata-se de cláusula ilegal e abusiva, pois as férias constituem direito de ordem pública. Não pode acordo entre partes privadas derrogar direito de ordem pública ("jus publicum privatorum pactis derrogare non potest"). Esta cláusula é nula, mas não implica a nulidade do contrato. Trata-se de questão acessória e de menor importância do que a da principal.

17.4. Diferenças entre nulo e anulável

De tudo o que foi explanado, podemos notar que muitas diferenças existem entre a nulidade e a anulabilidade, ou entre o nulo e o anulável. Adotam-se muitos critérios discriminadores. Resumindo então as características expostas de um e de outro, e concentrando as diferenças entre eles, ressaltaremos dez aspectos dessa distinção.

1. O ato nulo não pode ser ratificado; o anulável pode;

2. O nulo tem defeito irremediável; o anulável pode ser remediado;

3. O nulo sofre sanções de ordem pública, por atentar contra a sociedade; o anulável atenta conta o interesse privado e por isso é atacado pelas pessoas interessadas;

4. A nulidade visa à tutela da sociedade, enquanto a anulabilidade defende o interesse de pessoas;

5. Pela razão acima a nulidade pode ser declarada pelo juiz "ex officio" ou requerida pelo Ministério Público;

6. O negócio jurídico nulo não chega a produzir efeitos jurídicos, como se não houvesse existido; o anulado produz efeitos até a sentença anulatória;

7. A anulação tem efeito "ex tunc", ou seja, valendo desde o ato; a anulabilidade tem efeito "ex nunc", valendo a partir da anulação;

8. O negócio jurídico nulo é imprescritível; a anulável prescreve;

9. Não é preciso que a nulidade do negócio jurídico seja requerida judicialmente; a do anulável precisa de ser requerida;

10. A nulidade tem sentido punitivo: a anulabilidade, tutelar.

18. DA PRESCRIÇÃO

18.1. Conceito e requisitos

18.2. Tipos de prescrição

18.3. Renúncia à prescrição

18.4. Diferenças da decadência

18.5. Impedimento e suspensão da prescrição

18.6. Interrupção da prescrição

18.7. A preclusão e a perempção

18.8. Os prazos prescricionais

18.9. Da decadência

18.10. Das novas disposições do código

18.1. Conceito e requisitos

Desde o tempo da vigência do direito romano cogitava-se da influência do tempo nas relações jurídicas, seja para a aquisição de um direito, seja para a liberação de uma obrigação. Tudo o que é terreno tem um início e um fim no decorrer do tempo, inclusive o direito. Por outro lado, o direito não é um bem meramente contemplativo: é também um instrumento de ação. Não nasceu ele para ser analisado e admirado, mas para ser exercido. Quem for aquinhoado por esse bem deverá prezá-lo, defendê-lo e exercê-lo. Se o abandonar e o desprezar, justa será a perda do poder no exercício dos direitos desprezados.

Imaginemos que um cidadão assine uma nota promissória e no vencimento dela não encontre o portador, ficando sem pagá-la. Vinte anos depois é surpreendido com o protesto daquele título, do qual nem sequer se lembra mais. Se fôssemos aceitar esse critério, não haveria mais tranqüilidade pessoal, nem paz social. É bem conhecida a história do singular monarca inglês Henrique VIII. Casou-se ele com a nobre espanhola Catarina de Aragão. Um certo dia requereu um processo criminal contra ela e a concessão do divórcio, alegando que a rainha cometera adultério vinte anos antes.

Todo cidadão é dotado de obrigações e o direito exige que ele as cumpra, dando ainda ao titular do direito que se contrapõe à obrigação, ou seja, o credor, os instrumentos necessários para exercer seu direito. Contudo, se o credor não o exerce durante um determinado lapso de tempo, esses instrumentos romper-se-ão. A essa ruptura se dá o nome de prescrição. É a perda das faculdades defensivas de um direito, pelo fato de seu titular não as ter usado durante determinado tempo. Equivale a uma sanção ao credor, pela sua inércia, por não dar valor ao seu direito. Ele desprezou o direito e agora o direito o despreza. Aplica-se nesse caso o conhecido princípio: *dormentibus non sucurrit jus* (o direito não socorre aos que dormem no seu exercício).

É bom esclarecer que a prescrição não extingue o direito em si, mas as forças para exercê-lo, isto é, tolhe a ação. É princípio estabelecido de que a todo direito corresponde uma ação judicial para protegê-lo. Não há direito sem ação (*nullus jus sine actio*). Se o titular do direito não exerce a ação para defendê-lo é porque tacitamente renunciou a ela. Não renunciou, contudo, ao direito, tanto que se alguém paga uma dívida prescrita, não poderá depois anular o pagamento, pois cumpriu uma obrigação válida. Na prática, porém, não vemos muita diferença. Direito sem ação é direito sem força, ineficaz; é uma navalha sem gume.

Vemos assim que a prescrição de um direito tem vários requisitos, sendo dois os principais: o decurso do tempo e a inércia do titular do direito. Por esta razão, o direito italiano considera a prescrição como verdadeira extinção do direito. É o que declara o art. 2.934 do Código Civil italiano: "Ogni diritto si estingue per prescrizione, quando il titolare non lo esercita per il tempo determinado dalla legge". (Todo direito extingue-se pela prescrição, quando o titular não o exerce por um tempo determinado pela lei.) Entretanto, não é "todo" direito que prescreve, pois há várias exceções, como os direitos indisponíveis.

Não é necessário que a prescrição seja alegada logo na contestação de uma ação judicial. A prescrição pode ser alegada, em qualquer instância, pela parte a quem aproveita (art. 193). Deve ser entretanto alegada antes da decisão judicial, se for questão de obrigação patrimonial, pois é essencial que seja levantada, porquanto o juiz não poderá agir *ex officio*. Aliás, diz o art. 194 que o juiz não pode conhecer da prescrição de direitos patrimoniais, se não foi invocada pelas partes.

A prescrição aplica-se a todas as pessoas: naturais ou jurídicas de direito público ou privado. As pessoas jurídicas estão sujeitas aos efeitos da prescrição e podem invocá-los sempre que lhes aproveitar. As pessoas absolutamente incapazes, entretanto, não sofrem os efeitos da prescrição. Corre, porém, a prescrição para os relativamente incapazes, embora a lei procure tutelar o patrimônio de pessoas contra a ação errônea de quem as represente. As pessoas que a lei priva de administrar os próprios bens têm ação regressiva contra os seus representantes legais, quando estes, por dolo ou negligência, derem causa à prescrição (art. 195). Com a ação de regresso contra seu representante legal, o relativamente incapaz poderá recompor seu patrimônio, que tenha sido lesado pela ação dolosa de quem o represente.

A prescrição iniciada contra uma pessoa continua a correr contra o seu sucessor (art. 196). A morte de uma pessoa não interrompe a prescrição que correr para ela. O prazo continua, correndo contra ou a favor dos sucessores do *de cujus*. Embora esse artigo diga que a prescrição corra contra uma pessoa, na verdade ela corre para uma pessoa, porquanto pode ser a favor dela.

Não decide *ex officio* o juiz sobre a prescrição de direitos patrimoniais, se não foi invocada pelas partes. Necessário pois que a parte a

184

quem aproveite a prescrição levante-a perante o juiz, porquanto, no silêncio dela, interpreta-se como renúncia tácita à prescrição.

Aplica-se ainda à prescrição o princípio de que o acessório segue o seu principal (*accessorium sequuntur suum principalem*). Com o principal prescrevem os direitos acessórios. Por exemplo: uma dívida em dinheiro, decorrente de um contrato de mútuo, fica prescrita; conseqüentemente, estão prescritos os juros, correção monetária e outros acessórios daquela dívida. Contudo, a recíproca não é verdadeira. A prescrição do acessório não faz prescrever o principal.

18.2. Tipos de prescrição

O que até agora tem sido tratado refere-se à prescrição extintiva, isto é, a que provoca a perda do direito de ação. Contudo, considera-se doutrinariamente outro tipo de prescrição, chamada de aquisitiva; é também chamada usucapião. Consiste na aquisição de um direito real por quem fizer uso dele por determinado período de tempo. Tem como elemento essencial o decurso do tempo, mas o segundo elemento não é a inércia do titular do direito, mas a posse. Como, entretanto, trata-se de um direito real, nosso código não a regula no capítulo da prescrição, mas no Direito das Coisas. Por esse motivo, dela não trataremos neste compêndio.

18.3. Renúncia à prescrição

A parte a quem interesse a prescrição poderá ou não alegá-la. Há possibilidade de desistência da prescrição por quem poderia alegá-la em seu interesse: o prescribente. A renúncia à prescrição pode ser expressa ou tácita, e só valerá, sendo feita, sem prejuízo de terceiro, depois de a prescrição se consumar. Tacita é a renúncia, quando se presume de fatos do interessado, incompatíveis com a prescrição (art. 191). Digamos, por exemplo, que um devedor pague uma dívida prescrita; este ato revela renúncia tácita à prescrição. O que a lei não permite é a antecipação da prescrição, o que é coerente pois seria derrogar uma lei de ordem pública. Um título de crédito, por exemplo, prescreve em três anos, segundo a Convenção de Genebra, que é a lei cambiária nacional. Se constar nesse título de crédito a renúncia da prescrição, haverá uma declaração unilateral de vontade do devedor, anulando um dispositivo legal; é nula.

18.4. Diferenças da decadência

Eis aqui uma questão controvertida, a *vexata quaestio*, cuja discussão se prolonga sem chegar-se a uma solução definitiva. Prescrição e decadência são dois institutos afins, pois ambas se fundamentam na influência do tempo nas relações jurídicas. Ambas se assentam nos mesmos elementos: a inércia do titular do direito e o decurso do tempo. Os efeitos são também os mesmos: a perda do direito. Todavia, cada um dos institutos tem suas peculiaridades, que levam a conceitos diferentes: a prescrição é a perda do direito de ação e a decadência é a perda do próprio direito. A prescrição atinge diretamente a ação e indiretamente o direito, enquanto a decadência atinge diretamente o direito e indiretamente a ação.

A diferença entre ambos os institutos foi estabelecida por amplos e profundos estudos doutrinários. As diversas teorias apontaram em nosso código as hipóteses em que se consideram prescrição e outras decadência. No Direito de Família, por exemplo, os prazos são marcantemente decadenciais. Os códigos de alguns países fazem diferença entre ambos os institutos. É o que faz o Código Civil italiano (de 1942), regulamentando a prescrição nos arts. 2.934 a 2.963 e a decadência nos arts. 2.964 a 2.969. Tanto no direito brasileiro como no italiano e de outros países é copiosa a jurisprudência sobre este assunto.

Importante fundamento diferencial é a origem de ambos. Na decadência, a ação nasce com o direito; ambos surgem em conjunto. A decadência começa a correr desde o momento em que o direito nasce. É o que ocorre comumente no Direito de Família. Ao revés, na prescrição o direito de ação vem nascer após o nascimento do direito. A ação nasce com a posterior violação do direito. Vejamos, em exemplo, como se aplicam os dois institutos.

PRESCRIÇÃO — Um inquilino não paga o aluguel do imóvel locado. Nasce para o locador o direito à ação de despejo. Nota-se que o direito à ação de despejo não nasceu com o contrato; surgiu no momento em que o inquilino violou o contrato, deixando de cumprir a obrigação que lhe cabia. Está ela sujeita a prescrição; é caso típico de prazo prescricional.

DECADÊNCIA — Examinemos agora o contrato de locação de imóvel não-residencial, vale dizer, destinado a fins empresariais. O locador tem o direito a exercer ação renovatória de aluguel, no prazo de um ano e seis meses antes do vencimento do contrato. Não exercendo esse direito até seis meses antes de o contrato vencer-se, dá-se a decadência ou caducidade da ação renovatória. Por que não se fala aqui de prescrição e sim de decadência? É que o direito à ação renovatória originou-se juntamente com o direito de ocupar o imóvel, isto é, os direitos nasceram do contrato. Não surgiu o direito à ação de uma posterior violação, da parte contrária, ao contrato de locação, como se deu no exemplo da prescrição. É este, pois, caso tipicamente decadencial.

Não são porém as únicas diferenças, pois delas decorrem outras, das quais faremos previamente uma síntese:

PRESCRIÇÃO	DECADÊNCIA
1. O prazo resulta de disposição legal	1. O prazo pode ser disposto pelas partes
2. Terá de ser requerida pela parte a quem interesse	2. Pode ser decretada *ex officio*
3. Pode ser suspensa ou interrompida	3. Não se suspende nem se interrompe
4. Não corre para certas pessoas	4. Corre para todos (*erga omnes*)
5. Aplica-se às ações condenatórias	5. Aplica-se às ações constitutivas

18.5. Impedimento e suspensão da prescrição

Os arts. 197 a 204 estabelecem várias incidências em que a prescrição deixa de correr. O impedimento se dá quando ela não pode se iniciar, pois a causa do afastamento da prescrição ocorre antes do vencimento da obrigação ou antes de um fato consumado. Por exemplo: uma agressão do marido contra a mulher na constância do casamento. Evita a mulher pedir a separação, para tentar resolver internamente a questão, pois, se fizer uso de seu direito, causará males relevantes à manutenção do casamento. No momento em que houver separação de corpos, cessa a influência do marido e uma possível ação de separação judicial não terá reflexos tão negativos sobre uma sociedade conjugal que já está rompida. A prescrição, em casos assim, nem sequer começa a correr. Com a separação de corpos cessa a causa impediente e aí começa a correr a prescrição.

Por outro lado, a suspensão se dá quando o prazo prescricional já está em curso, ou seja, o direito já pode ser exercido. Aspecto importante da suspensão do prazo prescricional é que fica mantida a validade do prazo já decorrido; após cessar a suspensão, computa-se o prazo anterior à causa impeditiva. Por exemplo: já correu um ano de prescrição para uma pessoa que deve pagar uma nota promissória. Porém, essa pessoa é declarada interdita judicialmente e, com isso, suspende-se a prescrição. Posteriormente, a interdição é revogada. Recomeça a contagem do prazo prescricional, contando-se o ano transcorrido antes que adviesse a interdição. Examinemos outra hipótese: uma citação válida, no dia 25 de junho, cinco dias antes das férias forenses de julho, mês em que não correm prazos. Ao receber a citação, o réu tem 15 dias para contestá-la e já se tinham passados cinco dias de junho, quando a contagem do prazo foi suspensa. No dia 1º de agosto recomeça a contagem do tempo, vencendo-se em 10 de agosto, porquanto os 5 dias de junho, mais os 10 dias de agosto completaram os 15 dias regulamentares.

A lei não estabelece quando se trata de impedimento ou de suspensão. Dependerá pois de exame da questão para se saber qual delas incide. Nosso código diz apenas, nos arts. 197 a 201, que nos casos por eles apontados "não corre a prescrição". Vejamos quais sejam esses casos, lembrando sempre que o prazo já transcorrido será contado para completar o período prescricional.

O art. 197 contempla as obrigações em que as partes estejam ligadas por um vínculo jurídico que seria prejudicado pelo exercício do direito, como no relacionamento familiar. Ocorre entre cônjuges, na constância do casamento; entre ascendentes e descendentes, durante o pátrio poder; entre tutelados e curatelados e seus tutores ou curadores, durante a tutela ou curatela. Além dessas três hipóteses, não corre a prescrição em favor do credor pignoratício, do mandatário, e, em geral, das pessoas que lhes são equiparadas, contra o depositante, o devedor, o mandante e as pessoas representadas, os seus herdeiros, quanto ao direito e obrigações relativas aos bens confiados à sua guarda (inciso IV). Nestes últimos casos, vigoram relações jurídicas baseadas na confiança.

O art. 198 releva de prescrição certas pessoas que, em virtude de várias circunstâncias externas, ficam tolhidas na defesa de seus direitos. É o caso dos absolutamente incapazes, previstos no art. 3º (os menores de 16 anos; os ausentes, declarados tais por ato do juiz). Como se vê, as pessoas acima referidas têm fraca capacidade defensiva de seus direitos; uma recém-nascida, por exemplo, não poderia sofrer sanções prescricionais por inércia no exercício de seus direitos.

O art. 199 prevê três casos em que a prescrição não pode correr, porquanto não existe ainda o direito de ação. Ninguém pode perder o que não tem. Assim sendo, não corre a prescrição, pendendo condição suspensiva. No estudo das modalidades dos atos jurídicos houvéramos estudado atos submetidos à condição suspensiva. Subordinando-se a eficácia do ato à condição suspensiva, enquanto esta não se verificar, não se terá o direito a que ele visa. Ora, se esse direito não foi adquirido, como poderá extinguir-se pela prescrição?

A segunda hipótese é a do direito cujo prazo não se venceu; só poderá começar a prescrição no dia seguinte ao vencimento. O terceiro caso é o de quando pender ação de evicção. Baseia-se no mesmo critério; havendo ação de evicção, não há ainda sentença judicial fazendo o evicto perder a coisa. Se ele ainda não teve danos, não poderá reclamar reparação deles!

Situação peculiar apresenta a obrigação solidária. Suspensa a prescrição em favor de um dos credores solidários, só aproveitam os outros, se o objeto da obrigação for indivisível (art. 201). A prescrição é, pois, pessoal. Digamos que o emitente de uma nota promissória se torne incapaz. Suspende-se, para ele, a obrigação de pagá-la. Os demais coobrigados, entretanto, permanecem na obrigação de pagá-la, pois a prescrição não os atingiu.

18.6. Interrupção da prescrição

Quando se fala em interrupção da prescrição, vem-nos à mente a idéia de que o período prescricional, já transcorrido, anula-se. Esta é a principal diferença entre a interrupção e a suspensão. Não é porém a única: a suspensão decorre da lei enquanto a interrupção decorre de um comportamento ativo do credor interessado, praticando atos que revelam a luta pelos seus direitos. A interrupção é tratada nos arts. 202 a 204 do nosso Código Civil, num capítulo denominado "Das causas que interrompem a prescrição". Nossa lei reconhece a primacial característica da interrupção no art. 202: "A prescrição interrompida recomeça a correr da data do ato que a interrompeu, ou do último do processo para a interromper". O art. 202 aponta quatro iniciativas do credor interessado, que interromperão o período prescricional

A primeira delas dá-se quando o credor empreende ação judicial na defesa de seus direitos, ocorrendo a interrupção a partir, não do cumprimento do mandado de citação, mas do despacho do juiz mandando citar. O fato causador da interrupção é, entretanto, a citação válida, isto é, nos termos da lei. A prescrição não se interrompe com a citação nula por vício de forma, por circunducta, ou por se achar perempta a instância, ou a ação. A segunda causa interruptiva da prescrição é o protesto judicial, conforme está previsto nos arts. 867 e seguintes do Código de Processo Civil. A terceira interrupção se dá pela apresentação do título de crédito em juízo de inventário, ou em concurso de credores. Note-se que todos esses atos revelam iniciativa do titular do direito para defendê-lo. O quarto inciso do art. 172 diz que a prescrição se interrompe por qualquer ato judicial que constitua em mora o devedor. Poderão assim ser notificação e interpelação ou intimação judiciais, previstas também nos arts. 867 e seguintes do Código de Processo Civil.

Finalmente, interrompe-se a prescrição por qualquer ato inequívoco, ainda que extrajudicial, que importe reconhecimento do direito pelo devedor. Nesse caso, a iniciativa para a prescrição é tomada pelo devedor e não pelo credor. Por exemplo: o devedor pede parcelamento para o pagamento de uma dívida prescrita.

Em seguida, nossa lei cogita do sujeito ativo à pretensão, ou seja, quem poderá promover a interrupção nos quatro casos previstos pelo art. 202. O principal interessado em interromper a prescrição será, naturalmente, o titular do direito ameaçado de extinção, ou por seu representante legal. Pode ainda ser promovida por terceiro que tenha legítimo interesse na interrupção. Por exemplo, o crédito que esteja atingindo o prazo de prescrição sem que o titular dele se importe. Um credor desse titular tem interesse em que esse crédito seja mantido, por fazer parte do patrimônio de seu devedor, e, portanto, garantia do pagamento do crédito de terceiro.

Os efeitos da prescrição sobre outros envolvidos são tratados no art. 204. A interrupção da prescrição por um credor não aproveita aos outros. Semelhantemente, a interrupção operada contra o co-devedor, ou seu herdeiro, não prejudica os demais coobrigados. Portanto, se um co-credor fizer interromper a prescrição, só a ele aproveitará, não podendo beneficiar os co-credores que se mantiverem inertes. No caso inverso, a interrupção que atingiu um dos co-devedores não desborda para os demais. Da mesma forma, a interrupção operada contra um dos herdeiros do devedor solidário não prejudica os outros herdeiros ou devedores senão quando se trate de obrigações e direitos indivisíveis (§ 2º).

Uma exceção está prevista no §1º. A interrupção aberta por um dos credores solidários aproveita aos outros; assim como a interrupção efetuada contra o devedor solidário envolve os demais coobrigados. Neste caso, há diversos devedores solidários; essa obrigação é indivisível e desde que a interrupção opere contra um devedor, os demais ficam atingidos.

O art. 204 contempla ainda a fiança, no § 3º, afirmando que a interrupção produzida contra o principal devedor prejudica o fiador. Esse critério confirma o princípio de que o acessório segue o seu principal (*accessorium sequuntur suum principalem*). A fiança é sempre um contrato acessório, como se dá no contrato de locação. Interrompendo-se a prescrição do contrato de locação, interrompe-se a fiança.

18.7. A preclusão e a perempção

Há duas modalidades especiais de prescrição, aplicadas no Direito Processual, com o nome de preclusão e perempção. São institutos afins à prescrição, porquanto ambos se baseiam na inércia do titular do direito durante determinado tempo. A prescrição decorre da lei e a decadência ora da lei, ora de contrato. A preclusão pode decorrer também de ato do juiz, que dá um prazo a qualquer das partes para requerer o que for do direito delas. Se a parte intimada deixar decorrer *in albis* esse prazo, fica precluso o direito de recorrer.

A preclusão é a perda da faculdade, de uma das partes de um processo, de requerer em juízo, por não ter sido requerido em tempo e momento oportunos. Esse termo origina-se do verbo latino "praecludere" (= encerrar). Pela preclusão encerra-se a possibilidade de exercício de atos que movimentem o processo judicial, ante a inércia da parte que possua legitimação ativa para esse exercício. Vamos citar um exemplo: ao ser citado para os termos de um processo, o réu terá o prazo de 15 dias para contestar a ação. Passado esse prazo, fica precluso o direito de contestação. Outro exemplo: as partes têm prazo para apresentar provas até o despacho que dá encerramento à fase instrutória. Fica também preclusa a discussão de um assunto já decidido. É o que diz o art. 473 do Código de Processo Civil:

"É defeso à parte discutir, no curso do processo, as questões já decididas, a cujo respeito se operou a preclusão".

Outro instituto afim à prescrição é a perempção, também só invocada no Direito Processual. Origina-se etimologicamente de "peremptio" (= extinção, perecimento). Tem sentido mais forte do que a preclusao, pois não representa a perda da faculdade de requerer uma providência processual, mas de movimentar o processo. É, portanto, um modo de extinção da relação processual.

18.8. Os prazos prescricionais

Cada tipo de obrigação tem seu prazo prescricional. Esses prazos estão expostos pelo nosso Código Civil, num capítulo denominado "Dos prazos da prescrição". Ocupa esse capítulo os arts. 205 e 206, sendo o 206 o mais longo do código, apresentando vários parágrafos e vários incisos. Muitos outros prazos são estabelecidos em leis esparsas, tornando-se difícil formar um quadro coerente. Por essa razão, iremos apenas relacionar os prazos previstos nos arts. 205 e 206 do Código Civil, por fazer parte de nosso estudo. Em ordem decrescente, pelo decurso do tempo, são os seguintes os prazos prescricionais do Código Civil:

10 Anos:

Prazo máximo para que ocorra a prescrição. É aplicado esse prazo de forma geral, assim considerada a obrigação para a qual a lei não estabeleceu prazo prescricional.

1. Para os hospedeiros ou fornecedores de víveres destinados a consumo no próprio estabelecimento, para o pagamento da hospedagem ou dos alimentos.

2. Direito do segurado conta o segurador, ou o deste contra aquele. Conforme o tipo de seguro, varia o dia da contagem do prazo. Para o segurado, no caso de seguro de responsabilidade civil, da data em que é citado para responder à ação de indenização proposta pelo terceiro prejudicado, ou da data em que este a indeniza, com a anuência do segurador. Também a pretensão do beneficiário contra o segurador, e a do terceiro prejudicado, no caso de seguro de responsabilidade civil obrigatório. No que tange aos demais tipos de seguros, a partir do dia do fato gerador do direito.

3. Direito de receber o pagamento, pelos tabeliães, auxiliares da justiça, serventuários judiciais, árbitros e peritos pela percepção de emolumentos, custas e honorários. Todos os profissionais citados neste prazo são colaboradores da justiça.

4. Direito contra os peritos, pela avaliação dos bens que entraram para a formação do capital de S/A, contado da ata da assembléia que aprovar o laudo. Parece um tanto confusa essa disposição, mas podemos interpretar como sendo o do direito da S/A reclamar judicialmente contra o perito que tiver avaliado bens que entraram na formação do capital.

Segundo a lei das S/A, o acionista poderá adquirir ações mediante pagamento em dinheiro ou com a entrega de bens. Esses bens devem ser avaliados por perito especializado, para se avaliar o valor a ser transformado em ações. Esse perito deverá apresentar laudo, que será aprovado em assembléia de acionistas. Se algum acionista ou a própria S/A julgar fraudulento o laudo, terá o prazo de um ano para reclamar judicialmente, contando-se do dia em que o laudo foi aprovado pela assembléia dos acionistas.

5. Direito de credores não pagos contra os sócios ou acionistas e os liquidantes; contado o prazo da publicação da ata de encerramento da sociedade. Uma empresa não pode encerrar-se sem antes pagar todos os seus débitos. Se ela encerrar-se e ficar algum credor sem receber, terá ele o prazo de um ano para cobrar seu crédito.

2 anos

Para o direito de receber prestações alimentares vencidas. Não é o direito de pedir alimentos, mas de executar alimentos já concedidos pela justiça e não pagos pelo alimentante.

3 anos

Este prazo é o mais comum e nele foram incluídas pelo código muitas obrigações surgidas no mundo moderno. Uma delas é a do locatário receber os aluguéis em atraso, enfim para a ação de despejo. Esse mesmo prazo é concedido para a prestação de rendas temporárias ou vitalícias. Também para o recebimento de juros, dividendos ou quaisquer prestações acessórias, pagáveis, em período não maiores de um ano, com capitalização ou sem ela. Ainda nesse prazo de três anos o direito de ressarcimento de enriquecimento indevido e casos de reparação civil.

O prazo de três anos é também para as questões das sociedades, como a pretensão de restituição dos lucros ou dividendos recebidos de má-fé, correndo o prazo da data em que foi deliberada a distribuição. Incluem-se nesse tipo as ações contra dirigentes empresariais, como os fundadores de uma S/A, os administradores, fiscais, sócios e liquidantes de uma sociedade, prevendo os incisos VI e VII do art. 206, diversos dias para a contagem do prazo.

Ainda é de três anos o prazo para cobrança de títulos de crédito, como nota promissória, letra de câmbio, cheque, duplicata e outros assemelhados, a partir do vencimento deles. São ressalvadas as disposições de lei especial, principalmente a Lei Cambiária, também chamada LUG-Lei Uniforme de Genebra. Cada título de crédito tem lei especial que o regulamenta, mas o prazo normal de todos eles é de três anos.

4 anos

Este prazo é adotado para a prestação de contas do tutor ou curador.

5 anos

É o prazo para cobrança de dívidas líquidas, constantes de instrumento público ou particular (não se incluindo os títulos de crédito). E para profissionais liberais em geral, procuradores judiciais, curadores e professores pelos seus honorários, contado o prazo da conclusão dos serviços, da cessação dos respectivos mandatos ou contratos. Pelo que se nota, os advogados têm este prazo para reclamar de seus clientes o pagamento de seus honorários

Este também é o prazo para o árbitro receber a taxa de arbitragem. De acordo com a Lei 9.307/96, a arbitragem é o sistema privado de ministração da justiça; realiza-se com tribunal formado por juízes arbitrais, escolhidos pelas partes envolvidas num litígio. Os profissionais citados neste prazo são auxiliares ou colaboradores da justiça. É ainda para o vencedor de ação judicial cobrar as verbas de sucumbência.

18.9. Da decadência

Houve por bem o código incluir capítulo próprio para a decadência, distinguindo-a da prescrição. Realmente, embora os dois institutos sejam afins e apresentem os mesmos requisitos fundamentais (inércia do titular do direito e o tempo) são diferentes entre si. Salvo disposição legal em contrário, não se aplicam à decadência as normas que impedem, suspendam ou interrompem a prescrição (art. 207).

Disposição em contrário iremos encontrar no próprio código, no art. 195. É o direito de ação contra assistentes ou representantes legais que derem causa à prescrição ou à decadência, ou não a alegaram oportunamente; esta ação é devida aos relativamente incapazes, às pessoas jurídicas e as absolutamente incapazes. Enfim não corre a prescrição contra incapazes.

É nula a denúncia à decadência fixada em lei (art. 210). Fica uma dúvida: e se não for decadência fixada em lei, mas estabelecida pelas partes? Há um ditado que diz: "proibir o abuso é consagrar o uso"; por este provérbio, se é nula a renúncia fixada em lei, ficaria consagrada a renúncia à decadência fixada em lei.

Deve o juiz, de ofício, conhecer da decadência, quando estabelecida por lei (art. 210). A situação fica igual à anterior. Achamos que doravante o juiz não deve, de ofício, conhecer da decadência não prevista em lei. Essa disposição é confirmada pelo art. 211: "se a decadência for convencional, a parte a quem aproveita pode alegá-la em qualquer grau de jurisdição, mas o juiz não pode suprir a alegação".

Resumiremos a situação da seguinte forma: há dois tipos de decadência, a legal (estabelecida pela lei) e a convencional (estabelecida pelas partes).

18.10. Das novas disposições do código

O Código Civil de 2002 trouxe-nos novas disposições a respeito da prescrição, ditadas pela evolução jurídica do Brasil e de todo o mundo, que nossa antiga legislação deixou de acompanhar. Violado o direito, nasce para o titular a pretensão, a qual se extingue nos prazos a que aludem os arts. 205 e 206 (art. 189). Quando alguém viola o direito de outra pessoa, surge para esta pessoa a pretensão; esta é um direito; o direito de que seja reparado o dano causado. A reparação de danos não implica pagamento em dinheiro, mas pagamento de várias formas, nem que seja um pedido de desculpas.

Junto com a pretensão, vale dizer, com o direito, surge outro direito: o de postular na justiça essa pretensão. Há portanto dois direitos: o primeiro é o de reparação de danos: pretensão; o segundo o de ação que assegure o direito de pretensão: "facultas agendi". Cabe ao titular desses direitos exercê-los. Se não os exercer eles se extinguem após algum tempo, estabelecido pela lei, tanto no Código Civil, nos arts. 205 e 206, como em outras leis.

Inspirou essa disposição do novo código o art. 2.934 do Código Civil italiano:

Estinzione dei diritti	Extinção do direito
Ogni diritto si estingue per prescrizione, quando il titolare non lo exercita per il tempo determinato dalla legge. Non sono sogetti alla prescrizione i diritti indisponibili e gli altri diritti indicati dalla legge.	Todo direito se extingue por prescrição, quando o titular não o exerce pelo tempo determinado pela lei. Não são sujeitos à prescrição os direitos indisponíveis e os outros direitos indicados pela lei.

Os prazos de prescrição não podem ser alterados por acordo das partes (art. 192). Os prazos prescricionais são estabelecidos pela lei, e, assim sendo, não pode a lei ser alterada por acordo entre partes privadas. É o que estava previsto no direito romano ''jus publicum privatorum pactis derrogare non potest'' = a lei pública não pode ser derrogada por acordo entre partes privadas. A decadência sim; pode ser estabelecida pela lei ou pelas partes; se as partes têm o poder de estabelecer tem ainda o poder de alterar o que elas estabeleceram. Assim também dispôs o art. 2.936 do Código Civil italiano:

Inderrogabilità delle norme sulla prescrizione	Inderrogabilidade das normas sobre a prescrição
É nullo ogni patto diretto a modificare la disciplina legale della prescrizione.	É nulo todo pacto com o fim de modificar a disciplina legal sobre a prescrição.

Quando a prescrição se originar de fato que deva ser apurado no juízo criminal, não correrá a prescrição antes da respectiva sentença definitiva (art. 200). Às vezes, a pretensão, ou seja, o direito à reparação de danos decorreu de ato ilícito ou de um crime, que resultou em processo criminal contra o causador do dano. Nesse caso, o prazo prescricional não começa a correr a partir do crime, mas da sentença do juízo criminal. Se assim não fosse, todas as pretensões ficariam prescritas, pois a demora normal é de cinco anos.

19. DOS ATOS ILÍCITOS

19.1. Conceito e efeitos dos atos ilícitos

19.2. Tipos de culpa

19.3. Exclusão da responsabilidade

19.1. Conceito e efeitos dos atos ilícitos

O ato jurídico é o ato lícito que tenha por fim imediato criar, modificar, resguardar, transferir ou extinguir direitos. Se fala em ato lícito, é porque reconhece o ato ilícito. Se o ato lícito é o que está em conformidade à lei, o ato ilícito, ao revés, está em desconformidade à lei. Portanto, o ato ilícito é o que infringe a lei, afronta a norma jurídica. É o ato praticado quando a lei proíbe, ou não é praticado quando a lei obriga; é a infração de um preceito jurídico. Resulta num dano a outrem. Produz efeitos jurídicos, que recaem negativamente sobre outras pessoas.

Embora o ato ilícito seja transgressão à lei, com dolo ou culpa do agente e faça vítimas, não se confunde com o crime ou a contravenção penal. O crime é também um ato ilícito, mas diferente do ilícito civil. Por exemplo: um mutuário deverá pagar uma nota promissória a um banco, referente a um empréstimo; entretanto não pagou porque não conseguiu o dinheiro. Cometeu um ato ilícito pois deixou de cumprir uma obrigação tutelada pelo direito. Não cometeu, entretanto, crime algum, pois cometeu um ilícito exclusivamente civil. Não deverá sofrer ação penal, porém patrimonial.

É possível, contudo, que um ato ilícito seja, ao mesmo tempo, civil e penal. É a hipótese de um veículo que entra numa rua contramão e abalroa um outro veículo que estava na mão certa, causando danos a este. É um ilícito civil e o culpado deverá ser responsabilizado e obrigado a ressarcir os danos materiais. Digamos, entretanto, que o acidente ocasione a morte do motorista do carro abalroado. Nessas condições, o motorista culpado responderá a um processo criminal, podendo sofrer sanções penais, o que não o eximirá de reparar os danos civis.

No campo da responsabilidade civil, o importante é saber se o ato causou danos; se não causou, não há ato ilícito. Em seguida, é necessário avaliar os danos e estabelecer a forma de reparação deles. A reparação de danos é a recomposição do patrimônio da vítima, lesada pelo ato ilícito de outrem. Não se trata propriamente de uma sanção, de uma punição a outrem. Essa obrigação está prevista num artigo dos mais invocados nas lides judiciárias, o art. 186. Diz ele:

"Aquele que, por ação ou omissão voluntária, negligência ou imprudência, violar direito ou causar prejuízo a outrem, ainda que exclusivamente moral comete ato ilícito".

Deduz-se do art. 186 que o ato ilícito pode ser praticado por dolo ou culpa. Quando ele diz "por ação ou omissão voluntária" prevê o concurso da vontade do agente; sua intenção de causar danos e assumir o risco de produzi-los. Já fizemos um breve estudo a respeito do dolo, que ocasiona um ato ilícito doloso. Não é muito comum o ato doloso, pois a própria consciência humana abomina esse tipo de ato.

Mais comum, todavia, é o ato ilícito culposo. A culpa está referida no art. 186, quando fala em "negligência" e "imprudência". Podemos ainda adicionar a imperícia, que é a falta de habilidade em executar determinados atos. Na culpa o agente não quer o resultado, que deveria ser previsto. É o que ocorreria com o motorista causador do acidente, retro referido. Ele não queria abalroar o outro carro, nem matar o motorista vitimado. O agente, contudo, poderia ter evitado ambos os eventos danosos se não fosse negligente; se tivesse prestado atenção na placa indicativa da rua contramão.

19.2. Tipos de culpa

Existem dois tipos primordiais de culpa, ocasionando dois tipos de responsabilidade civil: a contratual e a extracontratual. O art. 186 prevê a culpa extracontratual, também chamada de aquiliana, por ter sido estabelecida pela lei romana "Lex Aquilia de damno", apresentada por Aquilio, um tribuno da plebe. Decorre do comportamento temerário do agente. Por exemplo: uma dona de casa coloca no parapeito de uma janela externa um vaso de flores. Dá um vento forte e derruba o vaso, causando prejuízos, a uma pessoa que passava na rua. Os prejuízos foram causados por um acidente que poderia ter sido evitado ou previsto pelo agente. A responsabilidade aquiliana é chamada de subjetiva, por originar-se da pessoa do agente.

O segundo tipo de responsabilidade é a contratual. Ocorre quando o agente transgride cláusula estabelecida em um contrato. O inadimplemento contratual pode ocorrer por dolo ou culpa, mas, em ambos os casos, o agente ficará obrigado a reparar os danos causados pela sua inadimplência contratual. O inadimplemento contratual é considerado um ato ilícito, pois resulta de ato contrário estabelecido pelo próprio agente, porém tutelado pela lei. Essa questão está parcialmente regulamentada num capítulo de nosso Código Civil, denominado "Das conseqüências da inexecução das obrigações", englobando os arts. 1.056 a 1.058. Foi o assunto, todavia, explanado em nosso compêndio *Das Obrigações Civis-Mercantis*.

Outra responsabilidade surgiu posteriormente, desgarrando-se da subjetiva ou aquiliana; é a responsabilidade objetiva ou de risco. Não decorre ela nem da culpa nem do dolo. Resulta do inadimplemento de uma obrigação assumida pelo agente e de cujo objetivo assumiu o risco. É aplicada principalmente no direito dos transportes. Uma transportadora, por exemplo, assume o encargo de transportar o passageiro são e incólume até o destino.

Assume o risco do empreendimento. Se não o faz, causando prejuízos ao passageiro, inadimpliu o contrato de transporte, obrigando-se a reparar os prejuízos causados. É a consideração da culpa presumida.

Esse tipo de culpa foi introduzido em nosso direito pelo Decreto 2.681, de 1912, que regula responsabilidade civil das estradas de ferro. Muitos a consideram responsabilidade contratual, por ser conseqüência do inadimplemento de contrato de transportes. Trata-se então de uma modalidade especial de responsabilidade, por não ser prevista no art. 186, isto é, não se amolda na culpa aquiliana. Aliás, nem sequer existe culpa do agente, porquanto poderá advir de caso fortuito ou de força maior, mas o risco desses eventos deverão ser assumidos por quem presta um serviço especializado. Esse mesmo tipo de responsabilidade é prevista no Código Brasileiro de Aeronáutica (Lei 7.565/86), num capítulo chamado "Da responsabilidade contratual", enquadrando-a, pois, na categoria de contratual.

Quanto ao motivo da culpa, a razão dela, a doutrina tradicional tem considerado vários tipos:

culpa *in eligendo* — ocorre quando o responsável escolhe mal a pessoa que o representa ou age por ele. Podem ser um preposto, um procurador, um representante, um empregado, ou qualquer outra pessoa que o responsável elege para agir em seu nome, sem ter as aptidões necessárias para os atos de que foi incumbido;

culpa *in vigilando* — decorre da falta de atenção e acompanhamento das pessoas que representam o responsável. É o que aconteceu recentemente no Brasil, em que ministros de estado, amigos e prepostos do presidente da República cometeram barbaridades e este alega desconhecer a ação de seus prepostos e apaniguados;

culpa *in comittendo* — promana de atos praticados com negligência, imprudência ou imperícia pelo agente. É o caso da dona de casa que deixou o vaso de flores na janela. É também o caso de uma pessoa que dirige pela primeira vez um veículo cujo manejo desconhecia e causa um acidente: é um caso de imperícia;

culpa *in omittendo* — ao contrário da anterior, ocorre quando o responsável não pratica atos que estava obrigado a praticar. A omissão pode ser fruto da negligência ou da vontade deliberada do agente; trata-se, nesse último caso, de ação de omissão;

culpa *in custodiendo* — provém da falta de zelo e preocupação de quem deve cuidar de uma coisa ou pessoa que esteja em custódia, em guarda ou depósito, ou qualquer outro tipo de cuidado. É a figura do depositário infiel, por exemplo.

19.3. Exclusão da responsabilidade

Ocasiões há em que um ato aparentemente ilícito não se figura como tal. Embora seja realmente praticado pelo agente e cause danos a outrem, não dá margem à reparação de danos ou então essa fica atenuada. O art. 187 prevê as hipóteses em que não se verifica um ato ilícito: I – os praticados em legítima defesa ou no exercício regular de um direito reconhecido; II – a deterioração ou destruição da coisa alheia, a fim de remover perigo iminente.

A legítima defesa é a ação de quem está para sofrer alguma lesão no seu direito individual e se utiliza de meios necessários para repelir os danos que lhe podem ser causados. Nem sempre uma pessoa terá tempo de recorrer às autoridades para impedir lesão ao seu patrimônio. Apela então para a autodefesa, exercendo apenas os meios necessários para remover o perigo. Se exceder-se nesses meios terá praticado um abuso de direito.

A segunda hipótese é a do exercício regular de um direito reconhecido. Por exemplo: o portador de um título de crédito vencido e não pago leva-o a protesto e esse protesto impede a celebração de um contrato vantajoso para o devedor. O credor não pode ser obrigado a reparar os danos causados pelo protesto, pois ele exerceu um direito que a lei lhe confere. Quem exerce seu direito, a ninguém provoca dano (*Qui iure suo utitur nemine facit damnum*).

O inciso II do art. 187 prevê a terceira hipótese em que não se configura um ato ilícito, a deterioração da coisa alheia, a fim de remover perigo iminente. É o chamado "estado de necessidade". Uma pessoa precisa correr até o corpo de bombeiros para comunicar o início de um incêndio e, para tanto, apossa-se de um veículo alheio, danificando-o. Ato dessa natureza será legítimo somente quando as circunstâncias o tornaram absolutamente necessário, não excedendo os limites do indispensável para a remoção do perigo (parágrafo único do artigo 160).

Vamos fazer breve referência sobre uma prática conhecida antes da criação do direito romano, denominada "Lex Rhodia de Jactu". O capitão de um navio encontra-se em situação de perigo com a estabilidade do navio, que ameaça soçobrar. Nessa situação, ele joga ao mar as cargas mais pesadas, dando ao seu navio posição de maior segurança. Nem o capitão nem a empresa proprietária do navio obrigam-se a indenizar o proprietário da mercadoria sacrificada, devido à necessidade de aliviar a carga. O dano será então ressarcido proporcionalmente pelos proprietários das mercadorias salvas. Esse instituto está previsto em nosso Código Comercial, com o nome de avaria grossa.

20. DA AUSÊNCIA

20.1. Conceito e finalidade

20.2. Da curadoria de ausentes

20.3. Da sucessão provisória

20.4. Da sucessão definitiva

20.5. Dos efeitos da ausência

20.1. Conceito e finalidade

A ausência é um instituto jurídico relativamente novo, pois o direito romano não o regulamentou. É o estado jurídico de uma pessoa cujos interesses estejam em jogo, mas não pode apresentar-se para defendê-los. O ausente é uma pessoa que desaparece de seu domicílio e do convívio de sua família, sem que esta possa localizá-lo. Todavia, deixa ele dívidas e outras obrigações em aberto, como também direitos. Um filho seu, menor de 18 anos, pretende casar-se e necessita de seu consentimento. Há um complexo de relações jurídicas bloqueadas em vista da ausência de uma das partes dessas relações.

Se ele sofrer, por exemplo, um processo criminal ou uma execução, tudo que se disser contra ele poderá ser aceito. Ele está desaparecido e sem possibilidades de saber o que se passa com seus interesses. Poderá ele ser citado por edital e declarado revel. O deputado Ulysses Guimarães, ex-presidente do Congresso Nacional e que exerceu interinamente a Presidência da República, um dia viajava de helicóptero com sua esposa, mas este desapareceu numa tempestade. Os corpos de ambos nunca foram encontrados. Não se tornou ele juridicamente morto, pois não havia, até outubro de 1993, atestado de óbito registrado no cartório de registro civil. Deixou ele bens que precisavam de sua administração, mas estava impossibilitado.

Urge então que a justiça proporcione ao ausente oportunidade da defesa de seus interesses, pela declaração de ausência. Trata-se a ausência do estado jurídico de uma pessoa, em decorrência de uma sentença judicial. Essa sentença visa a proteger seus interesses, impedindo que terceiros possam investir contra ele sem que possa se defender. Visa também a criar mecanismo de solução para sua família. Se o chefe da sociedade conjugal desaparece de casa sem que sua família possa localizá-lo, será preciso que alguém assuma seu lugar. Vemos então que a ausência precisa de uma caracterização jurídica, para que produza os naturais efeitos de direito. Esses aspectos foram disciplinados por nosso código em três fases denominadas: "Da curadoria de ausentes", "Da sucessão provisória", "Da sucessão definitiva".

20.2. Da curadoria de ausentes

A caracterização da ausência implicará na nomeação de um curador. Opera-se de duas formas, conforme o ausente tenha deixado ou não um representante, ou procurador, a quem toque administrar-lhe os bens. O juiz, a requerimento de qualquer interessado, ou do Ministério Público, nomear-lhe-á curador (art. 22). A ausência, repetimos, resulta de uma declaração judicial, que julgará um processo de "declaração de ausência". Também se nomeará curador, quando o ausente deixar mandatário que não queira, ou não possa exercer ou continuar o mandato (art. 23). Se o ausente deixou procurador para representá-lo, deverá haver vários efeitos jurídicos, conforme veremos.

O que deverá fazer esse curador? O juiz, que nomear o curador, fixar-lhe-á os poderes e obrigações, conforme as circunstâncias, observando, no que for aplicável, o disposto a respeito dos tutores e curadores (art. 24). O curador do ausente é então como se fosse um curador comum, na administração dos bens de seu curatelado. O cônjuge do ausente, sempre que não estiver separado judicialmente ou de fato, será o seu legítimo curador (art. 25). Na falta do cônjuge, a curadoria dos bens do ausente incumbe ao pai, à mãe, aos descendentes, nesta ordem, não havendo impedimento que os iniba de exercer o cargo. Entre os descendentes, os mais próximos precedem aos mais remotos. Nossa lei segue a ordem natural das coisas. Numa casa, se o marido está ausente, é a mulher que coordena as ações; na ausência da mulher é o marido. Se marido e mulher têm de viajar, chamam o pai e a mãe para tomar conta dos filhos e da casa.

20.3. Da sucessão provisória

Tendo em vista a ausência de uma pessoa do seio de sua família e exauridas as esperanças de encontrá-la, procura-se liquidar seu patrimônio, como se tivesse morrido. Abre-se então a sucessão provisória. Passando-se um ano, sem que se saiba do ausente, se não deixou representante nem procurador ou, se os deixou, em passando 3 anos, poderão os interessados requerer que se lhes abra provisoriamente a sucessão.

Os interessados na abertura da sucessão naturalmente serão os ligados ao patrimônio do ausente: os herdeiros ou os credores. São o cônjuge não separado judicialmente; os herdeiros presumidos legítimos, ou os testamentários; os que tiverem sobre os bens do ausente direito subordinado à condição de morte; os credores de obrigações vencidas e não pagas (art. 27). O processo de sucessão provisória tem marcha lenta e cuidadosa, pois o ausente está na possibilidade de aparecer. Por isso, os herdeiros são provisórios e não definitivos.

A sentença que determinar a abertura da sucessão provisória só produzirá efeito seis meses depois de publicada pela imprensa; mas logo que passe em julgado, se procederá à abertura do testamento, se existir, e ao inventário e partilha dos bens, como se o ausente fosse falecido (art. 28). Os herdeiros imitidos na posse dos bens do ausente darão garantias da restituição deles, mediante penhores ou hipotecas, equivalentes aos quinhões respectivos. O que tiver direito à posse provisória, mas não puder prestar a garantia exigida neste artigo, será excluído, mantendo-se os bens que lhe deviam caber sob a administração do curador, ou de outro herdeiro designado pelo juiz e que preste a dita garantia (art. 30). Os herdeiros são provisórios e condicionais; por esta razão, precisam estar preparados para corrigir possíveis distorções no retorno do ausente.

Empossados nos bens, os sucessores provisórios ficarão representando ativa e passivamente o ausente; de modo que contra eles correrão as ações pendentes e as que de futuro àquele se moverem (art. 32). O sucessor excluído da posse provisória poderá, justificando falta de meios para sua manutenção, requerer que lhe seja entregue metade dos rendimentos do quinhão que lhe tocaria (art. 34). Procura assim a lei evitar que um herdeiro possa ser prejudicado, pelo fato de não possuir recursos para dar garantia da herança provisória.

Durante a vigência da sucessão provisória, haverá possibilidade de dois acontecimentos: ficar evidenciado que o ausente faleceu ou o reaparecimento dele. Se durante a posse provisória se provar a época exata do falecimento do ausente, considerar-se-á, nessa data, aberta a sucessão em favor dos herdeiros, que o eram àquele tempo (art. 35). Se o ausente aparecer ou se lhe provar a existência, depois de estabelecida a posse provisória, cessarão para logo as vantagens dos sucessores nela imitidos, ficando, todavia, obrigados a tomar as medidas assecuratórias precisas, até a entrega dos bens a seu dono.

20.4. Da sucessão definitiva

Já procedida a sucessão provisória, é possível que o tempo passe e o ausente não reapareça. É a confirmação da ausência. Dez anos depois de passada em julgado a sentença que concede a abertura da sucessão provisória, poderão os interessados requerer a definitiva e o levantamento das cauções prestadas (art. 37).

Também se pode requerer a sucessão definitiva provando-se que o ausente conta 80 anos de nascido e que datam de 5 anos as últimas notícias suas (art. 38). Entende-se a razão dessa norma, pois não há necessidade de um prazo de 10 anos para uma pessoa de 80, cuja longevidade raramente atinge esse patamar.

Se o ausente reaparecer no prazo de 10 anos após a abertura da sucessão definitiva, seus herdeiros receberão os bens no estado em que se encontrarem. Se não regressar nesses 10 anos, os herdeiros farão a partilha, e se ninguém requerer, o patrimônio do ausente passará ao Poder Público, segundo as disposições do art. 39.

20.5. Dos efeitos da ausência

Se o ausente deixar filhos menores e o outro cônjuge houver falecido, ou não tiver direito ao exercício do poder familiar, proceder-se-á, com esses filhos, como se fossem órfãos de pai e mãe. A declaração judicial de ausência, com relação aos filhos, tem efeito de atestado de óbito. Por isso, se o pai é declarado ausente e a mãe falecer, os filhos ficarão na posição de órfãos. De acordo com o art. 6º do Código Civil, "a existência da pessoa natural termina com a morte". A ausência é uma presunção de morte; presume-se que o ausente esteja morto.

E a esposa do ausente? Poderá casar-se novamente? Será considerada viúva? Em nossa opinião, a resposta é negativa, pelo menos após a Lei do Divórcio. O código fala apenas dos filhos, deixando de lado a situação do cônjuge. A Lei do Divórcio diz no parágrafo único do art. 2º o que segue: "o casamento válido somente se dissolve pela morte de um dos cônjuges ou pelo divórcio". Não fala na ausência, nem em "morte presumida". A sentença que declarar a ausência deverá ser averbada no cartório de registro civil; mesmo assim, o casamento do outro cônjuge não poderá ser celebrado.

APÊNDICE

LEI Nº 10.406, DE 10 DE JANEIRO DE 2002.

Institui o Código Civil.

PARTE GERAL

LIVRO I
DAS PESSOAS

TÍTULO I
DAS PESSOAS NATURAIS

CAPÍTULO I
DA PERSONALIDADE E DA CAPACIDADE

Art. 1º Toda pessoa é capaz de direitos e deveres na ordem civil.

Art. 2º A personalidade civil da pessoa começa do nascimento com vida; mas a lei põe a salvo, desde a concepção, os direitos do nascituro.

Art. 3º São absolutamente incapazes de exercer pessoalmente os atos da vida civil:

I - os menores de dezesseis anos;

II - os que, por enfermidade ou deficiência mental, não tiverem o necessário discernimento para a prática desses atos;

III - os que, mesmo por causa transitória, não puderem exprimir sua vontade.

Art. 4º São incapazes, relativamente a certos atos, ou à maneira de os exercer:

I - os maiores de dezesseis e menores de dezoito anos;

II - os ébrios habituais, os viciados em tóxicos, e os que, por deficiência mental, tenham o discernimento reduzido;

III - os excepcionais, sem desenvolvimento mental completo;

IV - os pródigos.

Parágrafo único. A capacidade dos índios será regulada por legislação especial.

Art. 5º A menoridade cessa aos dezoito anos completos, quando a pessoa fica habilitada à prática de todos os atos da vida civil.

Parágrafo único. Cessará, para os menores, a incapacidade:

I - pela concessão dos pais, ou de um deles na falta do outro, mediante instrumento público, independentemente de homologação judicial, ou por sentença do juiz, ouvido o tutor, se o menor tiver dezesseis anos completos;

II - pelo casamento;

III - pelo exercício de emprego público efetivo;

IV - pela colação de grau em curso de ensino superior;

V - pelo estabelecimento civil ou comercial, ou pela existência de relação de emprego, desde que, em função deles, o menor com dezesseis anos completos tenha economia própria.

Art. 6º A existência da pessoa natural termina com a morte; presume-se esta, quanto aos ausentes, nos casos em que a lei autoriza a abertura de sucessão definitiva.

Art. 7º Pode ser declarada a morte presumida, sem decretação de ausência:

I - se for extremamente provável a morte de quem estava em perigo de vida;

II - se alguém, desaparecido em campanha ou feito prisioneiro, não for encontrado até dois anos após o término da guerra.

Parágrafo único. A declaração da morte presumida, nesses casos, somente poderá ser requerida depois de esgotadas as buscas e averiguações, devendo a sentença fixar a data provável do falecimento.

Art. 8º Se dois ou mais indivíduos falecerem na mesma ocasião, não se podendo averiguar se algum dos comorientes precedeu aos outros, presumir-se-ão simultaneamente mortos.

Art. 9º Serão registrados em registro público:

I - os nascimentos, casamentos e óbitos;

II - a emancipação por outorga dos pais ou por sentença do juiz;

III - a interdição por incapacidade absoluta ou relativa;

IV - a sentença declaratória de ausência e de morte presumida.

Art. 10. Far-se-á averbação em registro público:

I - das sentenças que decretarem a nulidade ou anulação do casamento, o divórcio, a separação judicial e o restabelecimento da sociedade conjugal;

II - dos atos judiciais ou extrajudiciais que declararem ou reconhecerem a filiação;

III - dos atos judiciais ou extrajudiciais de adoção.

CAPÍTULO II
DOS DIREITOS DA PERSONALIDADE

Art. 11. Com exceção dos casos previstos em lei, os direitos da personalidade são intransmissíveis e irrenunciáveis, não podendo o seu exercício sofrer limitação voluntária.

Art. 12. Pode-se exigir que cesse a ameaça, ou a lesão, a direito da personalidade, e reclamar perdas e danos, sem prejuízo de outras sanções previstas em lei.

Parágrafo único. Em se tratando de morto, terá legitimação para requerer a medida prevista neste artigo o cônjuge sobrevivente, ou qualquer parente em linha reta, ou colateral até o quarto grau.

Art. 13. Salvo por exigência médica, é defeso o ato de disposição do próprio corpo, quando importar diminuição permanente da integridade física, ou contrariar os bons costumes.

Parágrafo único. O ato previsto neste artigo será admitido para fins de transplante, na forma estabelecida em lei especial.

Art. 14. É válida, com objetivo científico, ou altruístico, a disposição gratuita do próprio corpo, no todo ou em parte, para depois da morte.

Parágrafo único. O ato de disposição pode ser livremente revogado a qualquer tempo.

Art. 15. Ninguém pode ser constrangido a submeter-se, com risco de vida, a tratamento médico ou a intervenção cirúrgica.

Art. 16. Toda pessoa tem direito ao nome, nele compreendidos o prenome e o sobrenome.

Art. 17. O nome da pessoa não pode ser empregado por outrem em publicações ou representações que a exponham ao desprezo público, ainda quando não haja intenção difamatória.

Art. 18. Sem autorização, não se pode usar o nome alheio em propaganda comercial.

Art. 19. O pseudônimo adotado para atividades lícitas goza da proteção que se dá ao nome.

Art. 20. Salvo se autorizadas, ou se necessárias à administração da justiça ou à manutenção da ordem pública, a divulgação de escritos, a transmissão da palavra, ou a publicação, a exposição ou a utilização da imagem de uma pessoa poderão ser proibidas, a seu requerimento e sem prejuízo da indenização que couber, se lhe atingirem a honra, a boa fama ou a respeitabilidade, ou se se destinarem a fins comerciais.

Parágrafo único. Em se tratando de morto ou de ausente, são partes legítimas para requerer essa proteção o cônjuge, os ascendentes ou os descendentes.

Art. 21. A vida privada da pessoa natural é inviolável, e o juiz, a requerimento do interessado, adotará as providências necessárias para impedir ou fazer cessar ato contrário a esta norma.

CAPÍTULO III
DA AUSÊNCIA

Seção I
Da Curadoria dos Bens do Ausente

Art. 22. Desaparecendo uma pessoa do seu domicílio sem dela haver notícia, se não houver deixado representante ou procurador a quem caiba administrar-lhe os bens, o juiz, a requerimento de qualquer interessado ou do Ministério Público, declarará a ausência, e nomear-lhe-á curador.

Art. 23. Também se declarará a ausência, e se nomeará curador, quando o ausente deixar mandatário que não queira ou não possa exercer ou continuar o mandato, ou se os seus poderes forem insuficientes.

Art. 24. O juiz, que nomear o curador, fixar-lhe-á os poderes e obrigações, conforme as circunstâncias, observando, no que for aplicável, o disposto a respeito dos tutores e curadores.

Art. 25. O cônjuge do ausente, sempre que não esteja separado judicialmente, ou de fato por mais de dois anos antes da declaração da ausência, será o seu legítimo curador.

§ 1º Em falta do cônjuge, a curadoria dos bens do ausente incumbe aos pais ou aos descendentes, nesta ordem, não havendo impedimento que os iniba de exercer o cargo.

§ 2º Entre os descendentes, os mais próximos precedem os mais remotos.

§ 3º Na falta das pessoas mencionadas, compete ao juiz a escolha do curador.

Seção II
Da Sucessão Provisória

Art. 26. Decorrido um ano da arrecadação dos bens do ausente, ou, se ele deixou representante ou procurador, em se passando três anos, poderão os interessados requerer que se declare a ausência e se abra provisoriamente a sucessão.

Art. 27. Para o efeito previsto no artigo anterior, somente se consideram interessados:

I - o cônjuge não separado judicialmente;

II - os herdeiros presumidos, legítimos ou testamentários;

III - os que tiverem sobre os bens do ausente direito dependente de sua morte;

IV - os credores de obrigações vencidas e não pagas.

Art. 28. A sentença que determinar a abertura da sucessão provisória só produzirá efeito cento e oitenta dias depois de publicada pela imprensa; mas, logo que passe em julgado, proceder-se-á à abertura do testamento, se houver, e ao inventário e partilha dos bens, como se o ausente fosse falecido.

§ 1º Findo o prazo a que se refere o art. 26, e não havendo interessados na sucessão provisória, cumpre ao Ministério Público requerê-la ao juízo competente.

§ 2º Não comparecendo herdeiro ou interessado para requerer o inventário até trinta dias depois de passar em julgado a sentença que mandar abrir a sucessão provisória, proceder-se-á à arrecadação dos bens do ausente pela forma estabelecida nos arts. 1.819 a 1.823.

Art. 29. Antes da partilha, o juiz, quando julgar conveniente, ordenará a conversão dos bens móveis, sujeitos a deterioração ou a extravio, em imóveis ou em títulos garantidos pela União.

Art. 30. Os herdeiros, para se imitirem na posse dos bens do ausente, darão garantias da restituição deles, mediante penhores ou hipotecas equivalentes aos quinhões respectivos.

§ 1º Aquele que tiver direito à posse provisória, mas não puder prestar a garantia exigida neste artigo, será excluído, mantendo-se os bens que lhe deviam caber sob a administração do curador, ou de outro herdeiro designado pelo juiz, e que preste essa garantia.

§ 2º Os ascendentes, os descendentes e o cônjuge, uma vez provada a sua qualidade de herdeiros, poderão, independentemente de garantia, entrar na posse dos bens do ausente.

Art. 31. Os imóveis do ausente só se poderão alienar, não sendo por desapropriação, ou hipotecar, quando o ordene o juiz, para lhes evitar a ruína.

Art. 32. Empossados nos bens, os sucessores provisórios ficarão representando ativa e passivamente o ausente, de modo que contra eles correrão as ações pendentes e as que de futuro àquele forem movidas.

Art. 33. O descendente, ascendente ou cônjuge que for sucessor provisório do ausente, fará seus todos os frutos e rendimentos dos bens que a este couberem; os outros sucessores, porém, deverão capitalizar metade desses frutos e rendimentos, segundo o disposto no art. 29, de acordo com o representante do Ministério Público, e prestar anualmente contas ao juiz competente.

Parágrafo único. Se o ausente aparecer, e ficar provado que a ausência foi voluntária e injustificada, perderá ele, em favor do sucessor, sua parte nos frutos e rendimentos.

Art. 34. O excluído, segundo o art. 30, da posse provisória poderá, justificando falta de meios, requerer lhe seja entregue metade dos rendimentos do quinhão que lhe tocaria.

Art. 35. Se durante a posse provisória se provar a época exata do falecimento do ausente, considerar-se-á, nessa data, aberta a sucessão em favor dos herdeiros, que o eram àquele tempo.

Art. 36. Se o ausente aparecer, ou se lhe provar a existência, depois de estabelecida a posse provisória, cessarão para logo as vantagens dos sucessores nela imitidos, ficando, todavia, obrigados a tomar as medidas assecuratórias precisas, até a entrega dos bens a seu dono.

Seção III
Da Sucessão Definitiva

Art. 37. Dez anos depois de passada em julgado a sentença que concede a abertura da sucessão provisória, poderão os interessados requerer a sucessão definitiva e o levantamento das cauções prestadas.

Art. 38. Pode-se requerer a sucessão definitiva, também, provando-se que o ausente conta oitenta anos de idade, e que de cinco datam as últimas notícias dele.

Art. 39. Regressando o ausente nos dez anos seguintes à abertura da sucessão definitiva, ou algum de seus descendentes ou ascendentes, aquele ou estes haverão só os bens existentes no estado em que se acharem, os sub-rogados em seu lugar, ou o preço que os herdeiros e demais interessados houverem recebido pelos bens alienados depois daquele tempo.

Parágrafo único. Se, nos dez anos a que se refere este artigo, o ausente não regressar, e nenhum interessado promover a sucessão definitiva, os bens arrecadados passarão ao domínio do Município ou do Distrito Federal, se localizados nas respectivas circunscrições, incorporando-se ao domínio da União, quando situados em território federal.

TÍTULO II
DAS PESSOAS JURÍDICAS

CAPÍTULO I
DISPOSIÇÕES GERAIS

Art. 40. As pessoas jurídicas são de direito público, interno ou externo, e de direito privado.

Art. 41. São pessoas jurídicas de direito público interno:

I - a União;

II - os Estados, o Distrito Federal e os Territórios;

III - os Municípios;

IV - as autarquias;

V - as demais entidades de caráter público criadas por lei.

Parágrafo único. Salvo disposição em contrário, as pessoas jurídicas de direito público, a que se tenha dado estrutura de direito privado, regem-se, no que couber, quanto ao seu funcionamento, pelas normas deste Código.

Art. 42. São pessoas jurídicas de direito público externo os Estados estrangeiros e todas as pessoas que forem regidas pelo direito internacional público.

Art. 43. As pessoas jurídicas de direito público interno são civilmente responsáveis por atos dos seus agentes que nessa qualidade causem danos a terceiros, ressalvado direito regressivo contra os causadores do dano, se houver, por parte destes, culpa ou dolo.

Art. 44. São pessoas jurídicas de direito privado:

I - as associações;

II - as sociedades;

III - as fundações.

Parágrafo único. As disposições concernentes às associações aplicam-se, subsidiariamente, às sociedades que são objeto do Livro II da Parte Especial deste Código.

Art. 45. Começa a existência legal das pessoas jurídicas de direito privado com a inscrição do ato constitutivo no respectivo registro, precedida, quando necessário, de autorização ou aprovação do Poder Executivo, averbando-se no registro todas as alterações por que passar o ato constitutivo.

Parágrafo único. Decai em três anos o direito de anular a constituição das pessoas jurídicas de direito privado, por defeito do ato respectivo, contado o prazo da publicação de sua inscrição no registro.

215

Art. 46. O registro declarará:

I - a denominação, os fins, a sede, o tempo de duração e o fundo social, quando houver;

II - o nome e a individualização dos fundadores ou instituidores, e dos diretores;

III - o modo por que se administra e representa, ativa e passivamente, judicial e extrajudicialmente;

IV - se o ato constitutivo é reformável no tocante à administração, e de que modo;

V - se os membros respondem, ou não, subsidiariamente, pelas obrigações sociais;

VI - as condições de extinção da pessoa jurídica e o destino do seu patrimônio, nesse caso.

Art. 47. Obrigam a pessoa jurídica os atos dos administradores, exercidos nos limites de seus poderes definidos no ato constitutivo.

Art. 48. Se a pessoa jurídica tiver administração coletiva, as decisões se tomarão pela maioria de votos dos presentes, salvo se o ato constitutivo dispuser de modo diverso.

Parágrafo único. Decai em três anos o direito de anular as decisões a que se refere este artigo, quando violarem a lei ou estatuto, ou forem eivadas de erro, dolo, simulação ou fraude.

Art. 49. Se a administração da pessoa jurídica vier a faltar, o juiz, a requerimento de qualquer interessado, nomear-lhe-á administrador provisório.

Art. 50. Em caso de abuso da personalidade jurídica, caracterizado pelo desvio de finalidade, ou pela confusão patrimonial, pode o juiz decidir, a requerimento da parte, ou do Ministério Público quando lhe couber intervir no processo, que os efeitos de certas e determinadas relações de obrigações sejam estendidos aos bens particulares dos administradores ou sócios da pessoa jurídica.

Art. 51. Nos casos de dissolução da pessoa jurídica ou cassada a autorização para seu funcionamento, ela subsistirá para os fins de liquidação, até que esta se conclua.

§ 1º Far-se-á, no registro onde a pessoa jurídica estiver inscrita, a averbação de sua dissolução.

§ 2º As disposições para a liquidação das sociedades aplicam-se, no que couber, às demais pessoas jurídicas de direito privado.

§ 3º Encerrada a liquidação, promover-se-á o cancelamento da inscrição da pessoa jurídica.

Art. 52. Aplica-se às pessoas jurídicas, no que couber, a proteção dos direitos da personalidade.

CAPÍTULO II
DAS ASSOCIAÇÕES

Art. 53. Constituem-se as associações pela união de pessoas que se organizem para fins não econômicos.

Parágrafo único. Não há, entre os associados, direitos e obrigações recíprocos.

Art. 54. Sob pena de nulidade, o estatuto das associações conterá:

I - a denominação, os fins e a sede da associação;

II - os requisitos para a admissão, demissão e exclusão dos associados;

III - os direitos e deveres dos associados;

IV - as fontes de recursos para sua manutenção;

V - o modo de constituição e funcionamento dos órgãos deliberativos e administrativos;

VI - as condições para a alteração das disposições estatutárias e para a dissolução.

Art. 55. Os associados devem ter iguais direitos, mas o estatuto poderá instituir categorias com vantagens especiais.

Art. 56. A qualidade de associado é intransmissível, se o estatuto não dispuser o contrário.

Parágrafo único. Se o associado for titular de quota ou fração ideal do patrimônio da associação, a transferência daquela não importará, de *per si,* na atribuição da qualidade de associado ao adquirente ou ao herdeiro, salvo disposição diversa do estatuto.

Art. 57. A exclusão do associado só é admissível havendo justa causa, obedecido o disposto no estatuto; sendo este omisso, poderá também ocorrer se for reconhecida a existência de motivos graves, em deliberação fundamentada, pela maioria absoluta dos presentes à assembléia geral especialmente convocada para esse fim.

Parágrafo único. Da decisão do órgão que, de conformidade com o estatuto, decretar a exclusão, caberá sempre recurso à assembléia geral.

Art. 58. Nenhum associado poderá ser impedido de exercer direito ou função que lhe tenha sido legitimamente conferido, a não ser nos casos e pela forma previstos na lei ou no estatuto.

Art. 59. Compete privativamente à assembléia geral:

I - eleger os administradores;

II - destituir os administradores;

III - aprovar as contas;

IV - alterar o estatuto.

Parágrafo único. Para as deliberações a que se referem os incisos II e IV é exigido o voto concorde de dois terços dos presentes à assembléia especialmente convocada para esse fim, não podendo ela deliberar, em primeira convocação, sem a maioria absoluta dos associados, ou com menos de um terço nas convocações seguintes.

Art. 60. A convocação da assembléia geral far-se-á na forma do estatuto, garantido a um quinto dos associados o direito de promovê-la.

Art. 61. Dissolvida a associação, o remanescente do seu patrimônio líquido, depois de deduzidas, se for o caso, as quotas ou frações ideais referidas no parágrafo único do art. 56, será destinado à entidade de fins não econômicos designada no estatuto, ou, omisso este, por deliberação dos associados, à instituição municipal, estadual ou federal, de fins idênticos ou semelhantes.

§ 1º Por cláusula do estatuto ou, no seu silêncio, por deliberação dos associados, podem estes, antes da destinação do remanescente referida neste artigo, receber em restituição, atualizado o respectivo valor, as contribuições que tiverem prestado ao patrimônio da associação.

§ 2º Não existindo no Município, no Estado, no Distrito Federal ou no Território, em que a associação tiver sede, instituição nas condições indicadas neste artigo, o que remanescer do seu patrimônio se devolverá à Fazenda do Estado, do Distrito Federal ou da União.

CAPÍTULO III
DAS FUNDAÇÕES

Art. 62. Para criar uma fundação, o seu instituidor fará, por escritura pública ou testamento, dotação especial de bens livres, especificando o fim a que se destina, e declarando, se quiser, a maneira de administrá-la.

Parágrafo único. A fundação somente poderá constituir-se para fins religiosos, morais, culturais ou de assistência.

Art. 63. Quando insuficientes para constituir a fundação, os bens a ela destinados serão, se de outro modo não dispuser o instituidor, incorporados em outra fundação que se proponha a fim igual ou semelhante.

Art. 64. Constituída a fundação por negócio jurídico entre vivos, o instituidor é obrigado a transferir-lhe a propriedade, ou outro direito real, sobre os bens dotados, e, se não o fizer, serão registrados, em nome dela, por mandado judicial.

Art. 65. Aqueles a quem o instituidor cometer a aplicação do patrimônio, em tendo ciência do encargo, formularão logo, de acordo com as suas bases (art. 62), o estatuto da fundação projetada, submetendo-o, em seguida, à aprovação da autoridade competente, com recurso ao juiz.

Parágrafo único. Se o estatuto não for elaborado no prazo assinado pelo instituidor, ou, não havendo prazo, em cento e oitenta dias, a incumbência caberá ao Ministério Público.

Art. 66. Velará pelas fundações o Ministério Público do Estado onde situadas.

§ 1º Se funcionarem no Distrito Federal, ou em Território, caberá o encargo ao Ministério Público Federal.

§ 2º Se estenderem a atividade por mais de um Estado, caberá o encargo, em cada um deles, ao respectivo Ministério Público.

Art. 67. Para que se possa alterar o estatuto da fundação é mister que a reforma:

I - seja deliberada por dois terços dos competentes para gerir e representar a fundação;

II - não contrarie ou desvirtue o fim desta;

III - seja aprovada pelo órgão do Ministério Público, e, caso este a denegue, poderá o juiz supri-la, a requerimento do interessado.

Art. 68. Quando a alteração não houver sido aprovada por votação unânime, os administradores da fundação, ao submeterem o estatuto ao órgão do Ministério Público, requererão que se dê ciência à minoria vencida para impugná-la, se quiser, em dez dias.

Art. 69. Tornando-se ilícita, impossível ou inútil a finalidade a que visa a fundação, ou vencido o prazo de sua existência, o órgão do Ministério Público, ou qualquer interessado, lhe promoverá a extinção, incorporando-se o seu patrimônio, salvo disposição em contrário no ato constitutivo, ou no estatuto, em outra fundação, designada pelo juiz, que se proponha a fim igual ou semelhante.

TÍTULO III
Do Domicílio

Art. 70. O domicílio da pessoa natural é o lugar onde ela estabelece a sua residência com ânimo definitivo.

Art. 71. Se, porém, a pessoa natural tiver diversas residências, onde, alternadamente, viva, considerar-se-á domicílio seu qualquer delas.

Art. 72. É também domicílio da pessoa natural, quanto às relações concernentes à profissão, o lugar onde esta é exercida.

Parágrafo único. Se a pessoa exercitar profissão em lugares diversos, cada um deles constituirá domicílio para as relações que lhe corresponderem.

Art. 73. Ter-se-á por domicílio da pessoa natural, que não tenha residência habitual, o lugar onde for encontrada.

Art. 74. Muda-se o domicílio, transferindo a residência, com a intenção manifesta de o mudar.

Parágrafo único. A prova da intenção resultará do que declarar a pessoa às municipalidades dos lugares, que deixa, e para onde vai, ou, se tais declarações não fizer, da própria mudança, com as circunstâncias que a acompanharem.

Art. 75. Quanto às pessoas jurídicas, o domicílio é:

I - da União, o Distrito Federal;

II - dos Estados e Territórios, as respectivas capitais;

III - do Município, o lugar onde funcione a administração municipal;

IV - das demais pessoas jurídicas, o lugar onde funcionarem as respectivas diretorias e administrações, ou onde elegerem domicílio especial no seu estatuto ou atos constitutivos.

§ 1º Tendo a pessoa jurídica diversos estabelecimentos em lugares diferentes, cada um deles será considerado domicílio para os atos nele praticados.

§ 2º Se a administração, ou diretoria, tiver a sede no estrangeiro, haver-se-á por domicílio da pessoa jurídica, no tocante às obrigações contraídas por cada uma das suas agências, o lugar do estabelecimento, sito no Brasil, a que ela corresponder.

Art. 76. Têm domicílio necessário o incapaz, o servidor público, o militar, o marítimo e o preso.

Parágrafo único. O domicílio do incapaz é o do seu representante ou assistente; o do servidor público, o lugar em que exercer permanentemente suas funções; o do militar, onde servir, e, sendo da Marinha ou da Aeronáutica, a sede do comando a que se encontrar imediatamente subordinado; o do marítimo, onde o navio estiver matriculado; e o do preso, o lugar em que cumprir a sentença.

Art. 77. O agente diplomático do Brasil, que, citado no estrangeiro, alegar extraterritorialidade sem designar onde tem, no país, o seu domicílio, poderá ser demandado no Distrito Federal ou no último ponto do território brasileiro onde o teve.

Art. 78. Nos contratos escritos, poderão os contratantes especificar domicílio onde se exercitem e cumpram os direitos e obrigações deles resultantes.

LIVRO II
DOS BENS

TÍTULO ÚNICO
Das Diferentes Classes de Bens

CAPÍTULO I
Dos Bens Considerados em Si Mesmos

Seção I
Dos Bens Imóveis

Art. 79. São bens imóveis o solo e tudo quanto se lhe incorporar natural ou artificialmente.

Art. 80. Consideram-se imóveis para os efeitos legais:

I - os direitos reais sobre imóveis e as ações que os asseguram;

II - o direito à sucessão aberta.

Art. 81. Não perdem o caráter de imóveis:

I - as edificações que, separadas do solo, mas conservando a sua unidade, forem removidas para outro local;

II - os materiais provisoriamente separados de um prédio, para nele se reempregarem.

Seção II
Dos Bens Móveis

Art. 82. São móveis os bens suscetíveis de movimento próprio, ou de remoção por força alheia, sem alteração da substância ou da destinação econômico-social.

Art. 83. Consideram-se móveis para os efeitos legais:

I - as energias que tenham valor econômico;

II - os direitos reais sobre objetos móveis e as ações correspondentes;

III - os direitos pessoais de caráter patrimonial e respectivas ações.

Art. 84. Os materiais destinados a alguma construção, enquanto não forem empregados, conservam sua qualidade de móveis; readquirem essa qualidade os provenientes da demolição de algum prédio.

Seção III
Dos Bens Fungíveis e Consumíveis

Art. 85. São fungíveis os móveis que podem substituir-se por outros da mesma espécie, qualidade e quantidade.

Art. 86. São consumíveis os bens móveis cujo uso importa destruição imediata da própria substância, sendo também considerados tais os destinados à alienação.

Seção IV
Dos Bens Divisíveis

Art. 87. Bens divisíveis são os que se podem fracionar sem alteração na sua substância, diminuição considerável de valor, ou prejuízo do uso a que se destinam.

Art. 88. Os bens naturalmente divisíveis podem tornar-se indivisíveis por determinação da lei ou por vontade das partes.

Seção V
Dos Bens Singulares e Coletivos

Art. 89. São singulares os bens que, embora reunidos, se consideram de *per si*, independentemente dos demais.

Art. 90. Constitui universalidade de fato a pluralidade de bens singulares que, pertinentes à mesma pessoa, tenham destinação unitária.

Parágrafo único. Os bens que formam essa universalidade podem ser objeto de relações jurídicas próprias.

Art. 91. Constitui universalidade de direito o complexo de relações jurídicas, de uma pessoa, dotadas de valor econômico.

CAPÍTULO II
Dos Bens Reciprocamente Considerados

Art. 92. Principal é o bem que existe sobre si, abstrata ou concretamente; acessório, aquele cuja existência supõe a do principal.

Art. 93. São pertenças os bens que, não constituindo partes integrantes, se destinam, de modo duradouro, ao uso, ao serviço ou ao aformoseamento de outro.

Art. 94. Os negócios jurídicos que dizem respeito ao bem principal não abrangem as pertenças, salvo se o contrário resultar da lei, da manifestação de vontade, ou das circunstâncias do caso.

Art. 95. Apesar de ainda não separados do bem principal, os frutos e produtos podem ser objeto de negócio jurídico.

Art. 96. As benfeitorias podem ser voluptuárias, úteis ou necessárias.

§ 1º São voluptuárias as de mero deleite ou recreio, que não aumentam o uso habitual do bem, ainda que o tornem mais agradável ou sejam de elevado valor.

§ 2º São úteis as que aumentam ou facilitam o uso do bem.

§ 3º São necessárias as que têm por fim conservar o bem ou evitar que se deteriore.

Art. 97. Não se consideram benfeitorias os melhoramentos ou acréscimos sobrevindos ao bem sem a intervenção do proprietário, possuidor ou detentor.

CAPÍTULO III
Dos Bens Públicos

Art. 98. São públicos os bens do domínio nacional pertencentes às pessoas jurídicas de direito público interno; todos os outros são particulares, seja qual for a pessoa a que pertencerem.

Art. 99. São bens públicos:

I - os de uso comum do povo, tais como rios, mares, estradas, ruas e praças;

II - os de uso especial, tais como edifícios ou terrenos destinados a serviço ou estabelecimento da administração federal, estadual, territorial ou municipal, inclusive os de suas autarquias;

III - os dominicais, que constituem o patrimônio das pessoas jurídicas de direito público, como objeto de direito pessoal, ou real, de cada uma dessas entidades.

Parágrafo único. Não dispondo a lei em contrário, consideram-se dominicais os bens pertencentes às pessoas jurídicas de direito público a que se tenha dado estrutura de direito privado.

Art. 100. Os bens públicos de uso comum do povo e os de uso especial são inalienáveis, enquanto conservarem a sua qualificação, na forma que a lei determinar.

Art. 101. Os bens públicos dominicais podem ser alienados, observadas as exigências da lei.

Art. 102. Os bens públicos não estão sujeitos a usucapião.

Art. 103. O uso comum dos bens públicos pode ser gratuito ou retribuído, conforme for estabelecido legalmente pela entidade a cuja administração pertencerem.

LIVRO III
Dos Fatos Jurídicos

TÍTULO I
Do Negócio Jurídico

CAPÍTULO I
Disposições Gerais

Art. 104. A validade do negócio jurídico requer:

I - agente capaz;

II - objeto lícito, possível, determinado ou determinável;

III - forma prescrita ou não defesa em lei.

Art. 105. A incapacidade relativa de uma das partes não pode ser invocada pela outra em benefício próprio, nem aproveita aos co-interessados capazes, salvo se, neste caso, for indivisível o objeto do direito ou da obrigação comum.

Art. 106. A impossibilidade inicial do objeto não invalida o negócio jurídico se for relativa, ou se cessar antes de realizada a condição a que ele estiver subordinado.

Art. 107. A validade da declaração de vontade não dependerá de forma especial, senão quando a lei expressamente a exigir.

Art. 108. Não dispondo a lei em contrário, a escritura pública é essencial à validade dos negócios jurídicos que visem à constituição, transferência, modificação ou renúncia de direitos reais sobre imóveis de valor superior a trinta vezes o maior salário mínimo vigente no País.

Art. 109. No negócio jurídico celebrado com a cláusula de não valer sem instrumento público, este é da substância do ato.

Art. 110. A manifestação de vontade subsiste ainda que o seu autor haja feito a reserva mental de não querer o que manifestou, salvo se dela o destinatário tinha conhecimento.

Art. 111. O silêncio importa anuência, quando as circunstâncias ou os usos o autorizarem, e não for necessária a declaração de vontade expressa.

Art. 112. Nas declarações de vontade se atenderá mais à intenção nelas consubstanciada do que ao sentido literal da linguagem.

Art. 113. Os negócios jurídicos devem ser interpretados conforme a boa-fé e os usos do lugar de sua celebração.

Art. 114. Os negócios jurídicos benéficos e a renúncia interpretam-se estritamente.

CAPÍTULO II
Da Representação

Art. 115. Os poderes de representação conferem-se por lei ou pelo interessado.

Art. 116. A manifestação de vontade pelo representante, nos limites de seus poderes, produz efeitos em relação ao representado.

Art. 117. Salvo se o permitir a lei ou o representado, é anulável o negócio jurídico que o representante, no seu interesse ou por conta de outrem, celebrar consigo mesmo.

Parágrafo único. Para esse efeito, tem-se como celebrado pelo representante o negócio realizado por aquele em quem os poderes houverem sido subestabelecidos.

Art. 118. O representante é obrigado a provar às pessoas, com quem tratar em nome do representado, a sua qualidade e a extensão de seus poderes, sob pena de, não o fazendo, responder pelos atos que a estes excederem.

Art. 119. É anulável o negócio concluído pelo representante em conflito de interesses com o representado, se tal fato era ou devia ser do conhecimento de quem com aquele tratou.

Parágrafo único. É de cento e oitenta dias, a contar da conclusão do negócio ou da cessação da incapacidade, o prazo de decadência para pleitear-se a anulação prevista neste artigo.

Art. 120. Os requisitos e os efeitos da representação legal são os estabelecidos nas normas respectivas; os da representação voluntária são os da Parte Especial deste Código.

CAPÍTULO III
Da Condição, do Termo e do Encargo

Art. 121. Considera-se condição a cláusula que, derivando exclusivamente da vontade das partes, subordina o efeito do negócio jurídico a evento futuro e incerto.

Art. 122. São lícitas, em geral, todas as condições não contrárias à lei, à ordem pública ou aos bons costumes; entre as condições defesas se incluem as que privarem de todo efeito o negócio jurídico, ou o sujeitarem ao puro arbítrio de uma das partes.

Art. 123. Invalidam os negócios jurídicos que lhes são subordinados:

I - as condições física ou juridicamente impossíveis, quando suspensivas;

II - as condições ilícitas, ou de fazer coisa ilícita;

III - as condições incompreensíveis ou contraditórias.

Art. 124. Têm-se por inexistentes as condições impossíveis, quando resolutivas, e as de não fazer coisa impossível.

Art. 125. Subordinando-se a eficácia do negócio jurídico à condição suspensiva, enquanto esta se não verificar, não se terá adquirido o direito, a que ele visa.

Art. 126. Se alguém dispuser de uma coisa sob condição suspensiva, e, pendente esta, fizer quanto àquela novas disposições, estas não terão valor, realizada a condição, se com ela forem incompatíveis.

Art. 127. Se for resolutiva a condição, enquanto esta se não realizar, vigorará o negócio jurídico, podendo exercer-se desde a conclusão deste o direito por ele estabelecido.

Art. 128. Sobrevindo a condição resolutiva, extingue-se, para todos os efeitos, o direito a que ela se opõe; mas, se aposta a um negócio de execução continuada ou periódica, a sua realização, salvo disposição em contrário, não tem eficácia quanto aos atos já praticados, desde que compatíveis com a natureza da condição pendente e conforme aos ditames de boa-fé.

Art. 129. Reputa-se verificada, quanto aos efeitos jurídicos, a condição cujo implemento for maliciosamente obstado pela parte a quem desfavorecer, considerando-se, ao contrário, não verificada a condição maliciosamente levada a efeito por aquele a quem aproveita o seu implemento.

Art. 130. Ao titular do direito eventual, nos casos de condição suspensiva ou resolutiva, é permitido praticar os atos destinados a conservá-lo.

Art. 131. O termo inicial suspende o exercício, mas não a aquisição do direito.

Art. 132. Salvo disposição legal ou convencional em contrário, computam-se os prazos, excluído o dia do começo, e incluído o do vencimento.

§ 1º Se o dia do vencimento cair em feriado, considerar-se-á prorrogado o prazo até o seguinte dia útil.

§ 2º Meado considera-se, em qualquer mês, o seu décimo quinto dia.

§ 3º Os prazos de meses e anos expiram no dia de igual número do de início, ou no imediato, se faltar exata correspondência.

§ 4º Os prazos fixados por hora contar-se-ão de minuto a minuto.

Art. 133. Nos testamentos, presume-se o prazo em favor do herdeiro, e, nos contratos, em proveito do devedor, salvo, quanto a esses, se do teor do instrumento, ou das circunstâncias, resultar que se estabeleceu a benefício do credor, ou de ambos os contratantes.

Art. 134. Os negócios jurídicos entre vivos, sem prazo, são exeqüíveis desde logo, salvo se a execução tiver de ser feita em lugar diverso ou depender de tempo.

Art. 135. Ao termo inicial e final aplicam-se, no que couber, as disposições relativas à condição suspensiva e resolutiva.

Art. 136. O encargo não suspende a aquisição nem o exercício do direito, salvo quando expressamente imposto no negócio jurídico, pelo disponente, como condição suspensiva.

Art. 137. Considera-se não escrito o encargo ilícito ou impossível, salvo se constituir o motivo determinante da liberalidade, caso em que se invalida o negócio jurídico.

CAPÍTULO IV
Dos Defeitos do Negócio Jurídico

Seção I
Do Erro ou Ignorância

Art. 138. São anuláveis os negócios jurídicos, quando as declarações de vontade emanarem de erro substancial que poderia ser percebido por pessoa de diligência normal, em face das circunstâncias do negócio.

Art. 139. O erro é substancial quando:

I - interessa à natureza do negócio, ao objeto principal da declaração, ou a alguma das qualidades a ele essenciais;

II - concerne à identidade ou à qualidade essencial da pessoa a quem se refira a declaração de vontade, desde que tenha influído nesta de modo relevante;

III - sendo de direito e não implicando recusa à aplicação da lei, for o motivo único ou principal do negócio jurídico.

Art. 140. O falso motivo só vicia a declaração de vontade quando expresso como razão determinante.

Art. 141. A transmissão errônea da vontade por meios interpostos é anulável nos mesmos casos em que o é a declaração direta.

Art. 142. O erro de indicação da pessoa ou da coisa, a que se referir a declaração de vontade, não viciará o negócio quando, por seu contexto e pelas circunstâncias, se puder identificar a coisa ou pessoa cogitada.

Art. 143. O erro de cálculo apenas autoriza a retificação da declaração de vontade.

Art. 144. O erro não prejudica a validade do negócio jurídico quando a pessoa, a quem a manifestação de vontade se dirige, se oferecer para executá-la na conformidade da vontade real do manifestante.

Seção II
Do Dolo

Art. 145. São os negócios jurídicos anuláveis por dolo, quando este for a sua causa.

Art. 146. O dolo acidental só obriga à satisfação das perdas e danos, e é acidental quando, a seu despeito, o negócio seria realizado, embora por outro modo.

Art. 147. Nos negócios jurídicos bilaterais, o silêncio intencional de uma das partes a respeito de fato ou qualidade que a outra parte haja ignorado, constitui omissão dolosa, provando-se que sem ela o negócio não se teria celebrado.

Art. 148. Pode também ser anulado o negócio jurídico por dolo de terceiro, se a parte a quem aproveite dele tivesse ou devesse ter conhecimento; em caso contrário, ainda que subsista o negócio jurídico, o terceiro responderá por todas as perdas e danos da parte a quem ludibriou.

Art. 149. O dolo do representante legal de uma das partes só obriga o representado a responder civilmente até a importância do proveito que teve; se, porém, o dolo for do representante convencional, o representado responderá solidariamente com ele por perdas e danos.

Art. 150. Se ambas as partes procederem com dolo, nenhuma pode alegá-lo para anular o negócio, ou reclamar indenização.

Seção III
Da Coação

Art. 151. A coação, para viciar a declaração da vontade, há de ser tal que incuta ao paciente fundado temor de dano iminente e considerável à sua pessoa, à sua família, ou aos seus bens.

Parágrafo único. Se disser respeito a pessoa não pertencente à família do paciente, o juiz, com base nas circunstâncias, decidirá se houve coação.

Art. 152. No apreciar a coação, ter-se-ão em conta o sexo, a idade, a condição, a saúde, o temperamento do paciente e todas as demais circunstâncias que possam influir na gravidade dela.

Art. 153. Não se considera coação a ameaça do exercício normal de um direito, nem o simples temor reverencial.

Art. 154. Vicia o negócio jurídico a coação exercida por terceiro, se dela tivesse ou devesse ter conhecimento a parte a que aproveite, e esta responderá solidariamente com aquele por perdas e danos.

Art. 155. Subsistirá o negócio jurídico, se a coação decorrer de terceiro, sem que a parte a que aproveite dela tivesse ou devesse ter conhecimento; mas o autor da coação responderá por todas as perdas e danos que houver causado ao coacto.

Seção IV
Do Estado de Perigo

Art. 156. Configura-se o estado de perigo quando alguém, premido da necessidade de salvar-se, ou a pessoa de sua família, de grave dano conhecido pela outra parte, assume obrigação excessivamente onerosa.

Parágrafo único. Tratando-se de pessoa não pertencente à família do declarante, o juiz decidirá segundo as circunstâncias.

Seção V
Da Lesão

Art. 157. Ocorre a lesão quando uma pessoa, sob premente necessidade, ou por inexperiência, se obriga a prestação manifestamente desproporcional ao valor da prestação oposta.

§ 1º Aprecia-se a desproporção das prestações segundo os valores vigentes ao tempo em que foi celebrado o negócio jurídico.

§ 2º Não se decretará a anulação do negócio, se for oferecido suplemento suficiente, ou se a parte favorecida concordar com a redução do proveito.

Seção VI
Da Fraude Contra Credores

Art. 158. Os negócios de transmissão gratuita de bens ou remissão de dívida, se os praticar o devedor já insolvente, ou por eles reduzido à insolvência, ainda quando o ignore, poderão ser anulados pelos credores quirografários, como lesivos dos seus direitos.

§ 1º Igual direito assiste aos credores cuja garantia se tornar insuficiente.

§ 2º Só os credores que já o eram ao tempo daqueles atos podem pleitear a anulação deles.

Art. 159. Serão igualmente anuláveis os contratos onerosos do devedor insolvente, quando a insolvência for notória, ou houver motivo para ser conhecida do outro contratante.

Art. 160. Se o adquirente dos bens do devedor insolvente ainda não tiver pago o preço e este for, aproximadamente, o corrente, desobrigar-se-á depositando-o em juízo, com a citação de todos os interessados.

Parágrafo único. Se inferior, o adquirente, para conservar os bens, poderá depositar o preço que lhes corresponda ao valor real.

Art. 161. A ação, nos casos dos arts. 158 e 159, poderá ser intentada contra o devedor insolvente, a pessoa que com ele celebrou a estipulação considerada fraudulenta, ou terceiros adquirentes que hajam procedido de má-fé.

Art. 162. O credor quirografário, que receber do devedor insolvente o pagamento da dívida ainda não vencida, ficará obrigado a repor, em proveito do acervo sobre que se tenha de efetuar o concurso de credores, aquilo que recebeu.

Art. 163. Presumem-se fraudatórias dos direitos dos outros credores as garantias de dívidas que o devedor insolvente tiver dado a algum credor.

Art. 164. Presumem-se, porém, de boa-fé e valem os negócios ordinários indispensáveis à manutenção de estabelecimento mercantil, rural, ou industrial, ou à subsistência do devedor e de sua família.

Art. 165. Anulados os negócios fraudulentos, a vantagem resultante reverterá em proveito do acervo sobre que se tenha de efetuar o concurso de credores.

Parágrafo único. Se esses negócios tinham por único objeto atribuir direitos preferenciais, mediante hipoteca, penhor ou anticrese, sua invalidade importará somente na anulação da preferência ajustada.

CAPÍTULO V
Da Invalidade do Negócio Jurídico

Art. 166. É nulo o negócio jurídico quando:

I - celebrado por pessoa absolutamente incapaz;

II - for ilícito, impossível ou indeterminável o seu objeto;

III - o motivo determinante, comum a ambas as partes, for ilícito;

IV - não revestir a forma prescrita em lei;

V - for preterida alguma solenidade que a lei considere essencial para a sua validade;

VI - tiver por objetivo fraudar lei imperativa;

VII - a lei taxativamente o declarar nulo, ou proibir-lhe a prática, sem cominar sanção.

Art. 167. É nulo o negócio jurídico simulado, mas subsistirá o que se dissimulou, se válido for na substância e na forma.

§ 1º Haverá simulação nos negócios jurídicos quando:

I - aparentarem conferir ou transmitir direitos a pessoas diversas daquelas às quais realmente se conferem, ou transmitem;

II - contiverem declaração, confissão, condição ou cláusula não verdadeira;

III - os instrumentos particulares forem antedatados, ou pós-datados.

§ 2º Ressalvam-se os direitos de terceiros de boa-fé em face dos contraentes do negócio jurídico simulado.

Art. 168. As nulidades dos artigos antecedentes podem ser alegadas por qualquer interessado, ou pelo Ministério Público, quando lhe couber intervir.

Parágrafo único. As nulidades devem ser pronunciadas pelo juiz, quando conhecer do negócio jurídico ou dos seus efeitos e as encontrar provadas, não lhe sendo permitido supri-las, ainda que a requerimento das partes.

Art. 169. O negócio jurídico nulo não é suscetível de confirmação, nem convalesce pelo decurso do tempo.

Art. 170. Se, porém, o negócio jurídico nulo contiver os requisitos de outro, subsistirá este quando o fim a que visavam as partes permitir supor que o teriam querido, se houvessem previsto a nulidade.

Art. 171. Além dos casos expressamente declarados na lei, é anulável o negócio jurídico:

I - por incapacidade relativa do agente;

II - por vício resultante de erro, dolo, coação, estado de perigo, lesão ou fraude contra credores.

Art. 172. O negócio anulável pode ser confirmado pelas partes, salvo direito de terceiro.

Art. 173. O ato de confirmação deve conter a substância do negócio celebrado e a vontade expressa de mantê-lo.

Art. 174. É escusada a confirmação expressa, quando o negócio já foi cumprido em parte pelo devedor, ciente do vício que o inquinava.

Art. 175. A confirmação expressa, ou a execução voluntária de negócio anulável, nos termos dos arts. 172 a 174, importa a extinção de todas as ações, ou exceções, de que contra ele dispusesse o devedor.

Art. 176. Quando a anulabilidade do ato resultar da falta de autorização de terceiro, será validado se este a der posteriormente.

Art. 177. A anulabilidade não tem efeito antes de julgada por sentença, nem se pronuncia de ofício; só os interessados a podem alegar, e aproveita exclusivamente aos que a alegarem, salvo o caso de solidariedade ou indivisibilidade.

Art. 178. É de quatro anos o prazo de decadência para pleitear-se a anulação do negócio jurídico, contado:

I - no caso de coação, do dia em que ela cessar;

II - no de erro, dolo, fraude contra credores, estado de perigo ou lesão, do dia em que se realizou o negócio jurídico;

III - no de atos de incapazes, do dia em que cessar a incapacidade.

Art. 179. Quando a lei dispuser que determinado ato é anulável, sem estabelecer prazo para pleitear-se a anulação, será este de dois anos, a contar da data da conclusão do ato.

Art. 180. O menor, entre dezesseis e dezoito anos, não pode, para eximir-se de uma obrigação, invocar a sua idade se dolosamente a ocultou quando inquirido pela outra parte, ou se, no ato de obrigar-se, declarou-se maior.

Art. 181. Ninguém pode reclamar o que, por uma obrigação anulada, pagou a um incapaz, se não provar que reverteu em proveito dele a importância paga.

Art. 182. Anulado o negócio jurídico, restituir-se-ão as partes ao estado em que antes dele se achavam, e, não sendo possível restituí-las, serão indenizadas com o equivalente.

Art. 183. A invalidade do instrumento não induz a do negócio jurídico sempre que este puder provar-se por outro meio.

Art. 184. Respeitada a intenção das partes, a invalidade parcial de um negócio jurídico não o prejudicará na parte válida, se esta for separável; a invalidade da obrigação principal implica a das obrigações acessórias, mas a destas não induz a da obrigação principal.

TÍTULO II
Dos Atos Jurídicos Lícitos

Art. 185. Aos atos jurídicos lícitos, que não sejam negócios jurídicos, aplicam-se, no que couber, as disposições do Título anterior.

TÍTULO III
Dos Atos Ilícitos

Art. 186. Aquele que, por ação ou omissão voluntária, negligência ou imprudência, violar direito e causar dano a outrem, ainda que exclusivamente moral, comete ato ilícito.

Art. 187. Também comete ato ilícito o titular de um direito que, ao exercê-lo, excede manifestamente os limites impostos pelo seu fim econômico ou social, pela boa-fé ou pelos bons costumes.

Art. 188. Não constituem atos ilícitos:

I - os praticados em legítima defesa ou no exercício regular de um direito reconhecido;

II - a deterioração ou destruição da coisa alheia, ou a lesão a pessoa, a fim de remover perigo iminente.

Parágrafo único. No caso do inciso II, o ato será legítimo somente quando as circunstâncias o tornarem absolutamente necessário, não excedendo os limites do indispensável para a remoção do perigo.

TÍTULO IV
Da Prescrição e da Decadência

CAPÍTULO I
Da Prescrição

Seção I
Disposições Gerais

Art. 189. Violado o direito, nasce para o titular a pretensão, a qual se extingue, pela prescrição, nos prazos a que aludem os arts. 205 e 206.

Art. 190. A exceção prescreve no mesmo prazo em que a pretensão.

Art. 191. A renúncia da prescrição pode ser expressa ou tácita, e só valerá, sendo feita, sem prejuízo de terceiro, depois que a prescrição se consumar; tácita é a renúncia quando se presume de fatos do interessado, incompatíveis com a prescrição.

Art. 192. Os prazos de prescrição não podem ser alterados por acordo das partes.

Art. 193. A prescrição pode ser alegada em qualquer grau de jurisdição, pela parte a quem aproveita.

Art. 194. O juiz não pode suprir, de ofício, a alegação de prescrição, salvo se favorecer a absolutamente incapaz.

Art. 195. Os relativamente incapazes e as pessoas jurídicas têm ação contra os seus assistentes ou representantes legais, que derem causa à prescrição, ou não a alegarem oportunamente.

Art. 196. A prescrição iniciada contra uma pessoa continua a correr contra o seu sucessor.

Seção II
Das Causas que Impedem ou Suspendem a Prescrição

Art. 197. Não corre a prescrição:

I - entre os cônjuges, na constância da sociedade conjugal;

II - entre ascendentes e descendentes, durante o poder familiar;

III - entre tutelados ou curatelados e seus tutores ou curadores, durante a tutela ou curatela.

Art. 198. Também não corre a prescrição:

I - contra os incapazes de que trata o art. 3º;

II - contra os ausentes do País em serviço público da União, dos Estados ou dos Municípios;

III - contra os que se acharem servindo nas Forças Armadas, em tempo de guerra.

Art. 199. Não corre igualmente a prescrição:

I - pendendo condição suspensiva;

II - não estando vencido o prazo;

III - pendendo ação de evicção.

Art. 200. Quando a ação se originar de fato que deva ser apurado no juízo criminal, não correrá a prescrição antes da respectiva sentença definitiva.

Art. 201. Suspensa a prescrição em favor de um dos credores solidários, só aproveitam os outros se a obrigação for indivisível.

Seção III
Das Causas que Interrompem a Prescrição

Art. 202. A interrupção da prescrição, que somente poderá ocorrer uma vez, dar-se-á:

I - por despacho do juiz, mesmo incompetente, que ordenar a citação, se o interessado a promover no prazo e na forma da lei processual;

II - por protesto, nas condições do inciso antecedente;

III - por protesto cambial;

IV - pela apresentação do título de crédito em juízo de inventário ou em concurso de credores;

V - por qualquer ato judicial que constitua em mora o devedor;

VI - por qualquer ato inequívoco, ainda que extrajudicial, que importe reconhecimento do direito pelo devedor.

Parágrafo único. A prescrição interrompida recomeça a correr da data do ato que a interrompeu, ou do último ato do processo para a interromper.

Art. 203. A prescrição pode ser interrompida por qualquer interessado.

Art. 204. A interrupção da prescrição por um credor não aproveita aos outros; semelhantemente, a interrupção operada contra o co-devedor, ou seu herdeiro, não prejudica aos demais coobrigados.

§ 1º A interrupção por um dos credores solidários aproveita aos outros; assim como a interrupção efetuada contra o devedor solidário envolve os demais e seus herdeiros.

§ 2º A interrupção operada contra um dos herdeiros do devedor solidário não prejudica os outros herdeiros ou devedores, senão quando se trate de obrigações e direitos indivisíveis.

§ 3º A interrupção produzida contra o principal devedor prejudica o fiador.

Seção IV
Dos Prazos da Prescrição

Art. 205. A prescrição ocorre em dez anos, quando a lei não lhe haja fixado prazo menor.

Art. 206. Prescreve:

§ 1º Em um ano:

I - a pretensão dos hospedeiros ou fornecedores de víveres destinados a consumo no próprio estabelecimento, para o pagamento da hospedagem ou dos alimentos;

II - a pretensão do segurado contra o segurador, ou a deste contra aquele, contado o prazo:

a) para o segurado, no caso de seguro de responsabilidade civil, da data em que é citado para responder à ação de indenização proposta pelo terceiro prejudicado, ou da data que a este indeniza, com a anuência do segurador;

b) quanto aos demais seguros, da ciência do fato gerador da pretensão;

III - a pretensão dos tabeliães, auxiliares da justiça, serventuários judiciais, árbitros e peritos, pela percepção de emolumentos, custas e honorários;

IV - a pretensão contra os peritos, pela avaliação dos bens que entraram para a formação do capital de sociedade anônima, contado da publicação da ata da assembléia que aprovar o laudo;

V - a pretensão dos credores não pagos contra os sócios ou acionistas e os liquidantes, contado o prazo da publicação da ata de encerramento da liquidação da sociedade.

§ 2º Em dois anos, a pretensão para haver prestações alimentares, a partir da data em que se vencerem.

§ 3º Em três anos:

I - a pretensão relativa a aluguéis de prédios urbanos ou rústicos;

II - a pretensão para receber prestações vencidas de rendas temporárias ou vitalícias;

III - a pretensão para haver juros, dividendos ou quaisquer prestações acessórias, pagáveis, em períodos não maiores de um ano, com capitalização ou sem ela;

IV - a pretensão de ressarcimento de enriquecimento sem causa;

V - a pretensão de reparação civil;

VI - a pretensão de restituição dos lucros ou dividendos recebidos de má-fé, correndo o prazo da data em que foi deliberada a distribuição;

VII - a pretensão contra as pessoas em seguida indicadas por violação da lei ou do estatuto, contado o prazo:

a) para os fundadores, da publicação dos atos constitutivos da sociedade anônima;

b) para os administradores, ou fiscais, da apresentação, aos sócios, do balanço referente ao exercício em que a violação tenha sido praticada, ou da reunião ou assembléia geral que dela deva tomar conhecimento;

c) para os liquidantes, da primeira assembléia semestral posterior à violação;

VIII - a pretensão para haver o pagamento de título de crédito, a contar do vencimento, ressalvadas as disposições de lei especial;

IX - a pretensão do beneficiário contra o segurador, e a do terceiro prejudicado, no caso de seguro de responsabilidade civil obrigatório.

§ 4º Em quatro anos, a pretensão relativa à tutela, a contar da data da aprovação das contas.

§ 5º Em cinco anos:

I - a pretensão de cobrança de dívidas líquidas constantes de instrumento público ou particular;

II - a pretensão dos profissionais liberais em geral, procuradores judiciais, curadores e professores pelos seus honorários, contado o prazo da conclusão dos serviços, da cessação dos respectivos contratos ou mandato;

III - a pretensão do vencedor para haver do vencido o que despendeu em juízo.

CAPÍTULO II
Da Decadência

Art. 207. Salvo disposição legal em contrário, não se aplicam à decadência as normas que impedem, suspendem ou interrompem a prescrição.

Art. 208. Aplica-se à decadência o disposto nos arts. 195 e 198, inciso I.

Art. 209. É nula a renúncia à decadência fixada em lei.

Art. 210. Deve o juiz, de ofício, conhecer da decadência, quando estabelecida por lei.

Art. 211. Se a decadência for convencional, a parte a quem aproveita pode alegá-la em qualquer grau de jurisdição, mas o juiz não pode suprir a alegação.

TÍTULO V
Da Prova

Art. 212. Salvo o negócio a que se impõe forma especial, o fato jurídico pode ser provado mediante:

I - confissão;

II - documento;

III - testemunha;

IV - presunção;

V - perícia.

Art. 213. Não tem eficácia a confissão se provém de quem não é capaz de dispor do direito a que se referem os fatos confessados.

Parágrafo único. Se feita a confissão por um representante, somente é eficaz nos limites em que este pode vincular o representado.

Art. 214. A confissão é irrevogável, mas pode ser anulada se decorreu de erro de fato ou de coação.

Art. 215. A escritura pública, lavrada em notas de tabelião, é documento dotado de fé pública, fazendo prova plena.

§ 1º Salvo quando exigidos por lei outros requisitos, a escritura pública deve conter:

I - data e local de sua realização;

II - reconhecimento da identidade e capacidade das partes e de quantos hajam comparecido ao ato, por si, como representantes, intervenientes ou testemunhas;

III - nome, nacionalidade, estado civil, profissão, domicílio e residência das partes e demais comparecentes, com a indicação, quando necessário, do regime de bens do casamento, nome do outro cônjuge e filiação;

IV - manifestação clara da vontade das partes e dos intervenientes;

V - referência ao cumprimento das exigências legais e fiscais inerentes à legitimidade do ato;

VI - declaração de ter sido lida na presença das partes e demais comparecentes, ou de que todos a leram;

VII - assinatura das partes e dos demais comparecentes, bem como a do tabelião ou seu substituto legal, encerrando o ato.

§ 2º Se algum comparecente não puder ou não souber escrever, outra pessoa capaz assinará por ele, a seu rogo.

§ 3º A escritura será redigida na língua nacional.

§ 4º Se qualquer dos comparecentes não souber a língua nacional e o tabelião não entender o idioma em que se expressa, deverá comparecer tradutor público para servir de intérprete, ou, não o havendo na localidade, outra pessoa capaz que, a juízo do tabelião, tenha idoneidade e conhecimento bastantes.

§ 5º Se algum dos comparecentes não for conhecido do tabelião, nem puder identificar-se por documento, deverão participar do ato pelo menos duas testemunhas que o conheçam e atestem sua identidade.

Art. 216. Farão a mesma prova que os originais as certidões textuais de qualquer peça judicial, do protocolo das audiências, ou de outro qualquer livro a cargo do escrivão, sendo extraídas por ele, ou sob a sua vigilância, e por ele subscritas, assim como os traslados de autos, quando por outro escrivão consertados.

Art. 217. Terão a mesma força probante os traslados e as certidões, extraídos por tabelião ou oficial de registro, de instrumentos ou documentos lançados em suas notas.

Art. 218. Os traslados e as certidões considerar-se-ão instrumentos públicos, se os originais se houverem produzido em juízo como prova de algum ato.

Art. 219. As declarações constantes de documentos assinados presumem-se verdadeiras em relação aos signatários.

Parágrafo único. Não tendo relação direta, porém, com as disposições principais ou com a legitimidade das partes, as declarações enunciativas não eximem os interessados em sua veracidade do ônus de prová-las.

Art. 220. A anuência ou a autorização de outrem, necessária à validade de um ato, provar-se-á do mesmo modo que este, e constará, sempre que se possa, do próprio instrumento.

Art. 221. O instrumento particular, feito e assinado, ou somente assinado por quem esteja na livre disposição e administração de seus bens, prova as obrigações convencionais de qualquer valor; mas os seus efeitos, bem como os da cessão, não se operam, a respeito de terceiros, antes de registrado no registro público.

Parágrafo único. A prova do instrumento particular pode suprir-se pelas outras de caráter legal.

Art. 222. O telegrama, quando lhe for contestada a autenticidade, faz prova mediante conferência com o original assinado.

Art. 223. A cópia fotográfica de documento, conferida por tabelião de notas, valerá como prova de declaração da vontade, mas, impugnada sua autenticidade, deverá ser exibido o original.

Parágrafo único. A prova não supre a ausência do título de crédito, ou do original, nos casos em que a lei ou as circunstâncias condicionarem o exercício do direito à sua exibição.

Art. 224. Os documentos redigidos em língua estrangeira serão traduzidos para o português para ter efeitos legais no País.

Art. 225. As reproduções fotográficas, cinematográficas, os registros fonográficos e, em geral, quaisquer outras reproduções mecânicas ou eletrônicas de fatos ou de coisas fazem prova plena destes, se a parte, contra quem forem exibidos, não lhes impugnar a exatidão.

Art. 226. Os livros e fichas dos empresários e sociedades provam contra as pessoas a que pertencem, e, em seu favor, quando, escriturados sem vício extrínseco ou intrínseco, forem confirmados por outros subsídios.

Parágrafo único. A prova resultante dos livros e fichas não é bastante nos casos em que a lei exige escritura pública, ou escrito particular revestido de requisitos especiais, e pode ser ilidida pela comprovação da falsidade ou inexatidão dos lançamentos.

Art. 227. Salvo os casos expressos, a prova exclusivamente testemunhal só se admite nos negócios jurídicos cujo valor não ultrapasse o décuplo do maior salário mínimo vigente no País ao tempo em que foram celebrados.

Parágrafo único. Qualquer que seja o valor do negócio jurídico, a prova testemunhal é admissível como subsidiária ou complementar da prova por escrito.

Art. 228. Não podem ser admitidos como testemunhas:

I - os menores de dezesseis anos;

II - aqueles que, por enfermidade ou retardamento mental, não tiverem discernimento para a prática dos atos da vida civil;

III - os cegos e surdos, quando a ciência do fato que se quer provar dependa dos sentidos que lhes faltam;

IV - o interessado no litígio, o amigo íntimo ou o inimigo capital das partes;

V - os cônjuges, os ascendentes, os descendentes e os colaterais, até o terceiro grau de alguma das partes, por consangüinidade, ou afinidade.

Parágrafo único. Para a prova de fatos que só elas conheçam, pode o juiz admitir o depoimento das pessoas a que se refere este artigo.

Art. 229. Ninguém pode ser obrigado a depor sobre fato:

I - a cujo respeito, por estado ou profissão, deva guardar segredo;

II - a que não possa responder sem desonra própria, de seu cônjuge, parente em grau sucessível, ou amigo íntimo;

III - que o exponha, ou às pessoas referidas no inciso antecedente, a perigo de vida, de demanda, ou de dano patrimonial imediato.

Art. 230. As presunções, que não as legais, não se admitem nos casos em que a lei exclui a prova testemunhal.

Art. 231. Aquele que se nega a submeter-se a exame médico necessário não poderá aproveitar-se de sua recusa.

Art. 232. A recusa à perícia médica ordenada pelo juiz poderá suprir a prova que se pretendia obter com o exame.